知的生きかた文庫

頭のいい人の、学びを「20字」にまとめる技術

浅田すぐる

三笠書房

A

この本は、仕事の本質がつかめてよかったので、
ぜひ読んでください。

B

この本が説く時間管理の本質をヒトコトで言うと、
『まとまった時間をいかにして確保するか』。
知識労働者にとっては、『仕事の管理＝時間の管理』と
いうくらいタイムマネジメントが重要であることに、
この本を読んで気づかされました。

さて、どちらの人の話を、より聞いてみたくなったでしょうか？

同じ本を読んでもアウトプットはこんなに違う。
原因は、そもそもの「学び方」の違いにあります。

はじめに

なぜ、学んだことがすぐ活かせないのか

――「1シート・ラーニング・システム」のすゝめ

本書を手にとっていただき、ありがとうございます。

もし、あなたがビジネス書を読んだり、セミナーに参加したりしたことがあるビジネスパーソンなのであれば、こんな悩みを感じたことがあるのではないでしょうか。

「あれこれ学んではいるものの、仕事に活かせている実感がない……」

あるいは、仕事に活かすかどうかという観点にはそもそもあまり関心がなく、

「読書やネット動画、教材・講座などを通じ、勉強することが単純に好き・楽しい」

という読者も少なからずいるでしょう。

一方、これまで独学の習慣があったわけではないものの、

「時代も変わってきているし、このまま勉強しないのはまずいかも……」

という漠然とした不安から、この文章を読んでいる人も多いかもしれません。

「仕事で必要だから」「学ぶことが楽しいから」「これからの時代、学習習慣がないままではヤバそうだから」等々、動機自体はどれでもかまいません。

とにかく、

「学び」をもっと、「仕事に活かせる」ようになりたい

この1行については、いずれの読者の方であっても賛同してくれるはずです。

本書は、この目的達成のために必要な「目からウロコの考え方」と「超実践的な学習法」を紹介していきます。

・仕事用に学んだが、役立てられずに「ただ時間を浪費」してしまった……

・「楽しい＝消費的学習」ばかりで、「仕事に活かす＝投資的学び」は皆無……

・「とにかく勉強！」と思い、試しに本を読んでみたが、何も記憶に残らない……

そんな現状を少しでも変えていきたいと願う、あなたのようなビジネスパーソンが数多くいるにもかかわらず、現状、効果的な書籍はあまりないようです。

その理由は、学習に関する誤った固定観念についての解説が、不十分だから。

たとえば、典型的な学びに関する誤解として次のようなものがあります。

・学習に関する誤解①：学んだことはすべて覚えておかなければならない

↓仕事に活かすことが目的なら、「全部ではなく1行だけ」覚えておく

・学習に関する誤解②：一生懸命勉強＝インプットさえしていればいい

↓「アウトプットするためにインプットする」が、仕事に活かす大前提

・学習に関する誤解③：勉強は自分のためにやるものだ

↓仕事に活かしたいなら、「人のために勉強」することこそが本質

ポイントは、これらについて「わかっているか」以上に「できているか」です。

どれだけ当たり前のこととして、日々の仕事で実行できているか。

「知ってはいる、わかってもいる」、でも「できているかというと怪しい……」。

そんなあなたの学習状況を、意識レベルから変えてしまうのが本書です。

具体的には、**「仕事に活かせる3つの学習法」**を手にしてもらいます。

まず、Ｐａｒｔ1は**「初伝：INPUT」**。

多くのビジネスパーソンがインプット学習の時に抱く、「学んだことを忘れてしまう」という悩みに、終止符を打ってしまいましょう。

「インプットしたことを、いつまでも覚えていられるようになる」

これが、Ｐａｒｔ1で習得する学習法のゴールです。

この後から始まる第1章で、「学びを忘れてしまう3つの原因」を特定します。

つづく第2章では、原因への処方せんとなる「1枚」フレームワークの書き方、使い方を紹介するのですが……。

今、唐突に「1枚」フレームワークというキーワードを出しました。

本書があなたに手渡す学習法は、なんと、

「紙1枚」書くだけ

で実践が可能です。にもかかわらず、

・あなたの学びが、たった「20字」にまとまる
・学びを、わずか「ポイント3つ」でわかりやすく説明できる
・同僚やお客様の役に立ち、「周囲から喜ばれる存在」になれる

といった様々なメリットを、その手につかむことができます。
仕事に活かせる「紙1枚」学習法。名づけて、

1シート・ラーニング・システム

その全貌を、本書で初公開します。楽しみにしていてください。
つづくPart2**「中伝：OUTPUT」**では、「なぜ学んだ後、何もせずに終わってしまうのか？」をメインテーマにします。

「学んで満足」してしまい、その後のアウトプットにつながってこない。

これでは、いくらインプットを増やしても、仕事や日常に活かすことができません。

この点については、Ｐａｒｔ１以上に「耳の痛い話です」という方も多いはず。

いったいどうすれば、「アウトプット」型の学習が可能になるのか。

第3章では、「アウトプット」という言葉をシンプルに定義します。あなたは、「アウトプットとは何か？」という問いに、答えることができるでしょうか。

端的に理解しておくからこそ、見通しがクリアになり行動もしやすくなります。

第4章は、第3章の内容をベースにした実践編です。

「紙1枚」書くだけのアウトプット型学習法について、学んでもらいます。

「初伝」の内容を理解・実践できているからこそ使いこなせる。そんな2つめの「1枚」フレームワークを、Ｐａｒｔ２の「中伝」で手にしてください。

さて、「初伝」「中伝」の「紙1枚」学習法を経て、最後にたどり着くことになるのが、Ｐａｒｔ３**「奥伝：CONTRIBUTION」**。

まず第5章では、「なぜ、学びを仕事に活かせないのか？」という問いについて、より深く掘り下げていきます。

Ｐａｒｔ３は、「奥伝」です。

文字通りもっと「奥」まで、具体的には、あなたの「学習観」の前提にある「仕事観」にまで踏み込んでいきます。

そうすることで、誰もが「なるほど！」と了解してくれるような、それでいて「目からウロコ」の、仕事における「ある本質」をつかんでしまいましょう。

それを踏まえ、第6章では仕事に活かせる学習法の「奥義」というべき「1枚」の型を受けとってもらいます。

といっても、相変わらずやることは「紙1枚」書くだけ。「こんなシンプルな方法で、こんな学び方が実践できるのか！」という風になってくれれば嬉しいです。

以上が、本書で構築した「1シート・ラーニング・システム」を学んでもらうための、大まかな流れです。

もちろん、詳しくはこれから本文で解説していくことになりますが、どんな世界観で構築された学習法なのかという点について、1つだけ前さばきをしておきます。

なぜ、「学習法」＝「メソッド」ではなく、「システム」としたのか？

その理由は、本書の順番通りに内容を理解・実践していけば、自然と、無理なく、仕事に活かせる学習法の本質にまでたどり着けてしまうからです。

当初は縁遠いと感じるような内容でも、ステップバイステップで学んでいくことで、気づけば、神髄といえるレベルに誰もがアクセスできてしまっている。

そんな「システム＝体系＝仕組み」として、本書を構築しました。

そもそもの原体験は、大学受験でした。

当時の私は苦手科目だらけだったのですが、優れた受験参考書のおかげで、そのいくつかを得意科目にすることができました。その結果、受験も突破できた。

当初は苦手だったにもかかわらず、1ページ目から順番に理解・実践していっただけで、苦手科目が得意科目になってしまったのです。

優れた内容の受験参考書には、人生を変えるレベルの力がある。

その後、同様のことを今度は就職活動の時にも体験しました。

優れた就活本と出会えたおかげで、当時は就職氷河期だったにもかかわらず、トヨタ自動車株式会社（以下、トヨタ）に入ることができました。

ただ、「優れた」といっても、やったことは「1枚」のワークシートに、繰り返し自分の人生を書き出していっただけです。

受験の時もそうでしたが、日々やることはシンプルな動作ばかり。だからこそ長期間続けられたのですが、その一方で、そもそも意味のあるアクションでなければ、たくさん量をこなしても、ムダな努力になってしまいかねません。

理にかなったシステムの中で努力するからこそ、結果も伴うのです。

学生時代にやっていた柔道の上達過程においても、同じことを体験しました。

武術や芸事の「型」と同様、優れた学習コンテンツには2つの条件があります。

1つは、「本質を踏まえたシステム＝体系＝仕組み」があること。

もう1つは、それを「シンプルな型＝動作」で実践できることです。


第2章で詳述しますが、トヨタにおける仕事の型は、「1枚にまとめる」でした。

転職時は、就活時に行った「1枚書く」という動作が、再び役に立ちました。

そして独立後はとうとう、「1枚書く」をビジネススキルとして独自にフレームワーク化し、社会人教育の世界で教える仕事を始めてしまいました。

受験、就職、転職、独立といった人生の節目や日々の仕事において、私は「1枚書くというシンプルな動作＝型」に、何度も救われてきたのです。

何より、こうした原体験の過程で、どんなテーマであっても、「1枚書くだけ」で理解・実践・習得が可能になってしまう。そんな学習スキルを身につけることができてしまいました。

私がこれまで上梓してきた4冊（文庫化時点では全11冊）の書籍は、どれもこの学び方が前提になっています。

ただ、これまでは「学習結果」を本としてアウトプットしてきたわけですが、今回は「学習法そのもの」を公開してしまおうというのがコンセプトです。

今までの書籍とはまったく次元が異なる内容になっているので、この本をあなたに届けることができて、私自身とてもワクワクしています。

とはいえ、本を世に問う時の基本スタンスは、今回もこれまでと同じです。

その分野で「今までになかったような本」を。

同時に、これから先そのジャンルの「定番書・バイブルとなるような本」を。

今回も、「社会人学習、仕事における学習・独学・自学自習」といった分野における基本書とすべく執筆しました。「これまでありそうでなかった新鮮な気づきや学び」を、今回の読書体験を通じてたくさん得ていってください。

そして、かつて私が学んだ学習コンテンツのように、本書があなたにとって「人生を変えるような1冊」になるのだとしたら、これほど嬉しいことはありません。

以上、ここまでの内容に何かしら響くところがあったのであれば……本文で再会できることを楽しみにしています。

浅田すぐる

CONTENTS

第2章

「紙1枚」書くだけの「20字」インプット学習法とは?

PART 2

「中伝」：OUTPUT

第3章 アウトプット力を高める「学び方」

人に聞かれたら、説明できるように理解する

第4章 その他大勢から抜け出す「3Q」アウトプット学習法とは？

PART 3 「奥伝」：CONTRIBUTION

第6章 奥義伝授！仕事に即活かせる「1枚」コントリビューション学習法とは？

本文DTP/Sun Fuerza

PART 1

「初伝」：INPUT

第1章

なぜ、学んだ内容を忘れてしまうのか？

学んだことのほとんどは、忘れている

「いやー、この本は本当に面白い！」

「感激した！　こんな知的興奮に満ちたセミナーははじめて！」

「この教材は、人生を変えるレベルの凄いコンテンツ！」


仕事上、あるいは個人的な向学や趣味ということでもかまいません。

あなたは、これまでの学習経験の中で、こうした感想を抱いた書籍やセミナー、教材やコンテンツ等に出会ったことがあるでしょうか？

もしあるのだとしたら、追加で質問をさせてください。

具体的には、どのような内容でしたか？

何を学んだのでしょうか？
どんなところに感動しましたか？

私はこれまで、企業研修やワークショップ等を通じ、本書の文庫化時点で1万5000名以上の社会人の方々にビジネススキル教育を行ってきました。著書累計も2024年時点で56万部を超えていますので、日常的に様々な背景を持つビジネスパーソンと接する機会があります。

したがって、先ほどの質問を数多くの方に投げかけてきたのですが、残念ながら、書籍名や人名、あるいはメソッドの名前は出てきても、それ以上の具体的な中身が答えとして返ってくるケースは、あまり多くありませんでした。

今となっては、何を学んだかほぼ忘れている

あなたもこの1行に、少なからず心当たりがあるのではないでしょうか。

とはいえ、「多かれ少なかれみんな同じ状態なのだろう」と高をくくり、これまであまり問題視はしてこなかったかもしれません。

ですが、本書は「学習を仕事に活かすこと」がテーマです。

「一生懸命学んだが、今となってはほとんど忘れてしまいました」では、仕事に活かすスタートラインにすら立てていません。

いったいなぜ、こんな不毛なことが起きてしまっているのでしょうか?

私は1人の学習者として、また学びを提供する側の立場としても、長年この問いについて探究し続けてきました。その中で見出した理由は、次の3つです。

「学び」が「学び」になっていない

まず1つめは、時代的な文脈から導かれる原因です。

できるだけシンプルに理解してほしいので、あえてヒトコトで言ってしまいますが、

現在は、「学び」が「消費」になっている時代

です。たとえば、特に21世紀に入って以降、テレビ番組のほとんどが、「何かしらためになる」という「学び要素」がないと、コンテンツとしてそもそも成立しない状態になってしまいました。

「ただただ面白いだけ」のバラエティ番組は次々に淘汰され、「面白くてためになる」クイズ番組やニュース解説、情報番組ばかりになってしまった。

少しでもテレビを見る機会がある読者であれば、こうした「テレビの教育コンテンツ化」という流れについては、すぐに納得ができるはずです。

また、インターネット上には、ありとあらゆるテーマについて学べてしまうテキストや動画が、情報洪水のごとく溢れかえっています。

まるで水を飲むような気軽さ、ハードルの低さで学ぶことができてしまう。

その結果、学びという行為自体が価値を落とし、随分とお手軽な「消費」行為になってしまいました。

「3日前の晩御飯に何を食べたか?」と聞かれても、大半の人は答えられません。

その時は「美味しい」と連発していた食事内容だったとしても、その行為が消費である限り、ほとんどのことはあっという間に記憶から消えてしまうのです。

先ほどの質問文を、「3日前に何を学んだか?」にしてみましょう。

あなたは、この問いに答えることができるでしょうか。

その場で欲求を満たし、充足したら早々に「消えて」しまう。

「消費」として学ぶことが日常化している時代においては、

学んだ内容=いちいち覚えていない、忘れてしまうのが当然

という価値観が主流となってしまうのは、致し方ないことなのかもしれません。

以上、まずは前提認識として、自分たちはこういう学習環境で生きているのだということ。その結果、知らず知らずのうちに「学び＝消費」という意識が当たり前になってしまっている。まとめると、あなたが学びを忘れてしまうのは、

学習を、「消費」として捉えているから

だとすれば、自ずと処方せんも見えてきます。
これもヒトコトで言ってしまえば、

「消費」型の学習観から、「投資」型の学習観へ

その場限りの、受動的な欲求充足ではなく、明確な目的を設定し、その目的を達成するべく、能動的に学んでいく。「投資」型の学習を実現するためのカギは、

です。このキーワードを、第2章の実践編でフレームワーク化し活用していきます。

この後もいくつかキーワードを提示していきますので、まずは1つ1つ、しっかりと内容について理解していってください。

自分の言葉で咀嚼《そしゃく》していないものは、使えない

なぜ、私たちは、学んだことを忘れてしまうのか。

2つめの原因は、比喩的にいえば、「咀嚼していないから」。言い換えると、

「思考整理」しながら、学んでいないから

要するに、著者や講師の言っていることを、そのまま鵜呑みにしているだけ。

そんな学習スタイルだから、記憶に留めることができないのです。

たとえば以前、ある読書好きの受講者の方に、「あなたの人生を変えた本は何ですか？」と質問する機会がありました。

かえってきた答えは、経営学の巨人・ドラッカーの名著の1つである『経営者の条件』（ダイヤモンド社）でした。

そこで、具体的に何を学んだか聞いてみたのですが……。

返答内容は、「仕事の本質が学べたんです」「とにかくよかったんです」「ぜひ読んでください」といった発言ばかり……。

いっこうに具体化する気配がありませんでした。

実は、私もドラッカーファンで『経営者の条件』は何度も読んでいましたので、少し問い方を変えて、次のように質問し直してみました。

私「あの、私は第2章の時間管理の話が好きなのですが、どうでした？」
相手「えーと〝汝の時間を知れ〟ってやつですよね。あそこスゴイですよね！」

確かに、第2章のタイトルは「汝の時間を知れ」なのですが、最後までその具体的な中身について話を聴くことはできませんでした。

大変残念なことなのですが、要するに、「ほとんど何も覚えていなかった」のです。名著だと思っているわけですから、読書時には相当の知的興奮や感動があったはず。にもかかわらず、具体的な内容となると、ほぼ記憶に残っていない。

この方の読書は、「著者特有の言葉をただ頭に入れているだけ」という状態になってしまっていたのです。

このように、能動的なインプットができないと、本のキーワードを噛み砕き、自分なりに再構築して話すことができなくなってしまいます。

今回のように私が助け舟を出したとしても、せいぜいキーワードを思い出すのが精いっぱい。でも、そんな虎の子のキーワードについても、それ以上具体化はできない。

そんな状態で、果たして本当に仕事に活かせているといえるのでしょうか。

今回もまた、心当たりのある方がたくさんいるのではないかと思います。

本やセミナー、ネット動画等で学んだキーワードをただ振りかざしているだけでは、仕事に活かすことにはなりません。それどころか、受動的に知識を詰め込んだだけの状態なので、しばらく時間が経てば忘れてしまいます。

結果、1週間も経った頃には、知識を振りかざすことすらできなくなってしまう。

「忘れる理由は、自分なりにうまく咀嚼していないから」なのであれば、自ずと処方せんも見えてきます。

1つめの、「目的の明確化」同様、今回も端的にキーワード化しておきましょう。

自分なりに咀嚼すること、すなわち、

「思考整理」しながら学ぶ

「思考整理」という言葉については、第2章でさらに詳しく解説していきます。

長すぎる物事は覚えていられない

なぜ、私たちは、学んだことを忘れてしまうのか。

これまで、「目的」が曖昧になる「消費」型学習という捉え方。

あるいは、自分なりに嚙み砕いてインプットするという、能動的な「思考整理」の欠如という観点から、原因を見出してきました。

他にもいくらでもあげられるのですが、それこそ本章の内容を長く覚えておいてほしいので、次で最後にしておきます。

3つめの原因は、

学んだ内容を、「短く要約していない」から

私は普段、「紙1枚」書くだけの思考整理法やコミュニケーション法を、ビジネススキルとして広めています。

その具体的な内容については、この後の第2章以降であなたにたっぷり学んでもらいますが、今フォーカスをあてたいのは、思考整理をした「後の話」です。

「1枚」学習の初期に見られる現象の1つとして、思考整理の結果が、

長すぎて、とても覚えられない

ということが起きてしまうのです。

たとえば以前、1冊目の拙著『トヨタで学んだ「紙1枚！」にまとめる技術』（サンマーク出版）をテーマに、1日完結のワークショップを開催しました。

後日、受講された方が私に学習のまとめを共有してくれたのですが、あるメッセージに次のようなことが書かれていたのです。

・今回の学びをヒトコトで言うと？

「1枚」書くだけで、行動に移せるレベルの思考整理が日常的に量産でき、なおかつその内容を3つ以内にまとめて周囲に説明できるようにもなるため、「自己完結・自己満足」型ではなく、「他者貢献」型の働き方が可能になる！

ご覧の通り、1文が長すぎて、「いつまでも覚えていられるレベル」からは程遠いまとめになっていました。

そこでこの方に、「一言で言うと」というよりは、「一息で」言えるレベルにまで

なぜ、学んだ内容を忘れてしまうのか

①「学び」が「学び」になっていない
※現在は、「学び」が「消費」になっている時代

②咀嚼しながら、学んでいない

③学んだ内容を短く要約していない

縮めるとどうなりますか？と質問してみたところ、最終的には、

「1枚」で、自己満足な働き方を改められる

という短さで、まとめることができました。

このように、自分ではキレイに要約したつもりでも、傍《はた》から見るとまったく端的な表現になっていない。その結果、長すぎて記憶に留めることができず、あとで思い出すこともできなくなってしまう。

そんな方がたくさんいるようなのです。

学んだことを忘れないために必要なのは

①目的の明確化

②思考整理

③端的な要約

あなた自身はどうでしょうか。端的な要約は得意ですか。

学びをシンプルにまとめておく。日常的にやれているでしょうか。

あるいは、能動的に思考整理をしながら学んでいますか？

自分なりに学びを咀嚼するという学習スタイルを持っていますか？

そもそも、何かを学ぶ前に、学習目的を明確にしていますか？

知らぬ間に、「学び＝消費」になってしまっていませんか？

もし、こうした問いについて、積極的にＹＥＳと答えられないのだとしたら……。

お待たせしました！

そんなあなたのために構築したのが、「１シート・ラーニング・システム」の「初伝」で学ぶ「１枚」フレームワークです。

ここまで、「なぜ、学びを忘れてしまうのか」というテーマで、３つの原因とその処方せんを明らかにしてきました。

キーワードだけを改めて書き出しておくと、

①目的の明確化
②思考整理
③端的な要約

この3つとなります。

第2章では、これらを「紙1枚」書くだけで実践可能にした、

「20字」インプット学習法

を明らかにしますので、ここまでの内容をお互いの共通認識としたうえで、次章に進んでいきましょう。

第2章

「紙1枚」書くだけの「20字」インプット学習法とは？

20字あれば、なんでも一言で言い表せる

これから少しずつ、「実践」モードにシフトしていきます。
第1章で抽出した、

「①目的の明確化」「②思考整理」「③端的な要約」

という3つのキーワードを使って、学んだ内容を忘れずに、「長く記憶に残せるようにインプットしていく学習法」を構築していきます。
まずは、第1章で最後に提示した「③端的な要約」について、より実践を念頭に置いた解説をさせてください。

私は受講者の方々に、1つ1つの学びについて、

できるだけ「20字前後」にまとめましょう

と繰り返しアドバイスしています。

「20字前後のまとめ」とは、いったいどのようなものなのか。

試しに、ここまでに示してきた具体例を、まとめてピックアップしてみます。

今となっては、何を学んだかほぼ忘れている（20字）

現在は、「学び」が「消費」になっている時代（21字）

学習を、「消費」として捉えているから（18字）

「消費」型の学習観から、「投資」型の学習観へ（22字）

「思考整理」しながら、学んでいないから（19字）

学んだ内容を、「短く要約していない」から（20字）

「1枚」で、自己満足な働き方を改められる（20字）
できるだけ「20字前後」にまとめましょう（19字）

どれも一見して、要点がわかるものになっているのではないでしょうか。実際、ここまで本を読み進めていく中で、「こうした要約が随所にあってわかりやすかった」と感じてくれていたはずです。

なぜわかりやすくなったのかといえば、私が毎回、「20字前後というボリューム感」を徹底しているから。適当にやっているわけでも偶然の一致でもなく、意図的に毎回この辺りの文字数を狙って要約しているのです。

それにしても、いったいなぜ20字なのか。

その理由はヒトコト、**「20字あれば、メッセージを表現できるから」**です。

たとえば「俳句」。

周知の通り、俳句は「5・7・5」の17音で成立している言語表現の一形態ですが、これにあえて句読点を加えれば、以下の通りとなります。

五、七、五。

あとは、句読点込みの数で再度、足し算をしてみます。

五、七、五。
＝（5＋1）＋（7＋1）＋（5＋1）
＝20字

俳句自体は17音ですが、句読点を加えれば合計20字となります。
また、原稿用紙の1行も20字です。
あれは、なぜ20字なのでしょうか。
ここではシンプルに、俳句との組み合わせで考えてみましょう。

「日本語というのは、20字あれば、伝えたい内容が表現できる言語なのだ」という世界観で眺めてみれば、多くの読者がその理由を納得できるのではないでしょうか。

あるいは学生時代、国語の入試問題を解く技術として、こんなことを学びました。

「記述問題の字数制限が40字以内だったらポイントは2つ、60字以内だったらポイントは3つだと思え」というものです。この知見によって、本文からいくつポイントを見つければOKか見当がつくため、解答スピードや正答率を高められる。

そんな受験テクニックなのですが、この知見もまた、「1メッセージあたり20字」という世界観が前提になっています。

以上、3つほど例を示しましたが、とにかく言いたかったことはシンプルです。

「20字」あれば、伝えたい内容は表現できる

右の要約文の「文字数」を数え終わった方から、以降に進んでください。

トヨタで学んだ要約力

ここまで、「なぜ20字を目指すのか？」については、一通り理解してもらえたと思います。ただ、この章は実践編です。答えなければいけない問いは、

いったいどうすれば、20字要約ができるようになるのか？

ここからは、この課題に答えていきたいと思います。

まず大前提として、1つ告白をさせてください。

私は昔から、要約が苦手でした。

本書でこれだけ大量の20字要約をくり出しておいて、いったい何を言っているん

だと感じた方も多いと思いますが、事実です。

今となっては誰も信じてくれないのですが、学生時代は国語が本当に苦手でした。特に、「大意要約」と言われる、本文の要点をまとめて記述するタイプの問題がさっぱりわからず、試験で問われるたびに苦労していました。

そんな私が、いったいどうやって要約力を高めていったのか。

要約力をテーマにした本は当時からたくさん読んでいたのですが、残念ながらこれだ！というものには出会えませんでした。

転機は、トヨタに入った後でした。そこで日常的にやっていた、

「紙1枚」資料を何百枚も作成する

という体験が、私の要約力を根本からカイゼンしてくれたのです。

トヨタで学んだ「資料づくりの3つの制約」

私は、サラリーマン時代の大半をトヨタで過ごしました。

5兆円を超えるような利益を、たった1年で出してしまう。そんな世界的企業の働き方に、いったいどんなヒミツがあるのか。

色々な人が色々な観点で分析を行っていますが、私がフォーカスをあてたのは、「紙1枚にまとめて仕事をする」というワークスタイルでした。

トヨタには、企画書・決裁書・稟議書・報告書・議事録・分析資料・検討資料・ディスカッションペーパー等々、とにかくあらゆる書類について、「A4もしくはA3で1枚」にまとめていくという企業文化があります。

別にルールとして明文化されているわけではなかったのですが、7万人の社員の大半が、淡々とこの基本動作を実践していました。

さて、ここで拙著『トヨタで学んだ「紙1枚！」にまとめる技術』で紹介した「紙1枚」資料の実例を、本書にも掲載しておきたいと思います。

この資料には、次の「3つの制約」がかかっています。

・制約①：「紙1枚」に収めなければいけない
・制約②：「枠内」に収めなければいけない
・制約③：「テーマ」から逸脱したことは書けない

1つめの「紙1枚」という制約については、すぐに理解可能だと思います。

基本はA4用紙で。それが無理なら、なんとかA3サイズ1枚に収めることを目指す。「資料全体のレベル」でかけている制約、ということになります。

また、各資料には複数の「箱＝枠＝フレーム」がついています。

加えて、各フレーム上部にあるのが、「何について書いてあるか＝テーマ」です。

図 2-1 トヨタで使っている「紙1枚」資料

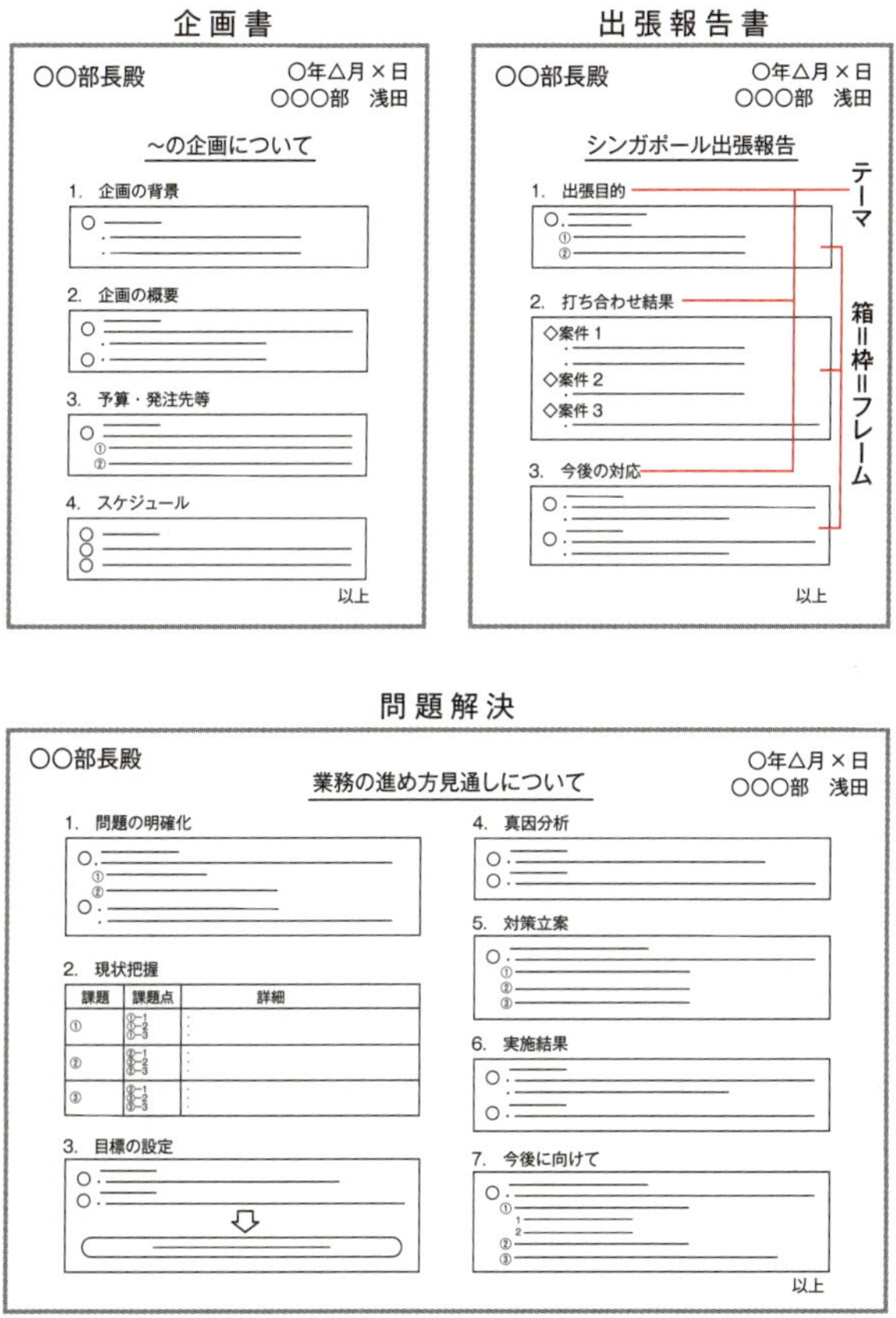

資料を作成する際は、この枠をはみ出した分量で文章を書くことはできません。もちろん、枠の上部につけたテーマと関係ない内容は、カットする必要があります。こうやって、「1枚」「枠」「テーマ」という3つの制約をかけた状態で、日々、資料を作成していると何が起きるか。

想像に難くないと思いますが、「1枚」に、「枠」に、「テーマ」内に収める要約力が嫌でも身につきます。

3つの制約に縛られながら膨大な枚数の資料を作成してきたという「量」が、要約力の「質」を高めてくれたのです。

もちろん、当初はまったくといっていいほどうまくできませんでした。資料をつくっては上司に見せ、真っ赤に添削してもらいます。それを踏まえて再度資料をつくり、また赤ペン添削を受ける。この繰り返しを通じて、少しずつ自力で、言葉を枠内に収めていけるようになっていきました。

ただ、こう書くと「赤ペン添削をしてくれるような上司が周囲にいなかったら、要約力は身につかないのか」と感じる人がいるかもしれません。

「そんなことはない」というのが、私の結論です。

確かに、上司の添削によって、要約力を短期間で鍛えることができたのは間違いありません。とはいえ、短期間という時間的条件さえ外せば、

「1枚」に、「枠」に、「テーマ」内に収めなければならないという制約

を設けて資料をつくっていたことが、決定的な要因だったと考えています。

好き勝手にダラダラと文章が書けないよう、制約をかけた状態にしてしまう。

この条件下でトレーニングを積んでいけば、要約が苦手な人でも、十分に能力アップが可能となります。このことは多くの読者・受講者の方々の実践によって立証済みです。安心して、これから「紙1枚」学習法を学んでいってください。

「本質」を学ぶための思考整理とは？

ここまで、私自身がどうやって苦手な要約力を克服していったのかについて紹介してきました。

そのカギは「制約をかけること」だったのですが、このキーワードは「学習」においても重要な意味を持ちます。

なぜなら、「制約」があることによって、

「学習」で重要な「思考整理」が促されるから

ここからは、「①目的の明確化」「②思考整理」「③端的な要約」という3つのキーワードのうち、2つめの「思考整理」の解説に、軸足を移していきます。

まずは、本書における言葉の定義から。「思考整理」とは、

「情報を整理」し、「考えをまとめる」こと

資料作成も、仕事も、学習も、「思考整理」の繰り返しです。

何であれ、まずは取り組んでいるテーマについて、考えるベースとなる「情報を整理」する。そして、それらを材料にして、あれこれと「考えをまとめる」わけです。

ところがその際、ただ考えるというだけでは思考が発散してしまい、いつまで経っても考えがまとまらないというケースが出てきてしまいます。

あなたにも、そういった経験があるのではないでしょうか。

「もっとよく考えろ」と上司に言われたので、とにかく一生懸命考えてはみた。ただ、いつまでも答えがまとまらず、堂々巡りを繰り返すばかり……。

そんな時、もし「制約」があったらどうでしょうか。

「この枠の中に収めるにはどうしたらよいか」という縛りがあることによって、思

考の方向性はつねに「なんとかして端的にまとめよう」というものになっていきます。

その結果、「一言で言うと？」「煎じ詰めると？」「要するに？」といった言葉が自然と口ぐせになり、シンプルな言葉にまとまるまで「考え抜く」習慣がつくのです。

さて、今「考え抜く」という言葉を使いました。

これは、「繰り返し思考整理する」という意味で使っているのですが、「考え抜く」ことによって、私たちは「あるもの」をつかむことができます。

思考整理しているテーマについての、「本質」です。

「本質」という言葉も本書では大事なキーワードになるため、ここでその意味を明確にさせてください。

本質とは、多くの事象に当てはまる「よりどころ」

一生懸命「学ぶ＝思考整理」を繰り返した結果、自分が今携わっている業務の「本質＝よりどころ＝判断基準」がつかめたとしましょう。

そうすれば、どんな時もブレずに判断・行動することができます。

応用が利くため、不測の事態にも臆することなく対応できる。

様々なツッコミに一貫した受け答えができるのも、本質がつかめているからです。

「本質をつかむ力」は、仕事に活かす学習力において不可欠な要素になります。

加えてもう1つ、本質には「ある特徴」があります。

本質はシンプルなので、端的な言葉で表現可能

思考整理の結果として本質をつかめたからこそ、一文・一語を短く表現することができるようになる。そんな捉え方もできるわけです。

以上、ここまでの内容を20字でまとめるとすると、

学習とは、思考整理による本質探究そのもの

表面的な知識の丸暗記や、バラバラと孤立した状態でキーワードを理解していくような学び方では、いずれその大半を忘れてしまいます。

そうではなくて、学習しているテーマについて、できるだけ本質を考え抜く。

本質とは、多くの事象に当てはまる「よりどころ」

ですから、本質を1つつかんでおけば、その学習テーマについて多くのことを芋づる式に理解できるはずです。また、

本質はシンプルなので、端的な言葉で表現可能

なので、本質をつかむような学び方をすればするほど、あとで思い出せるような

シンプルなインプットを、たくさん積み重ねていくことが可能になってくるのです。

「情報を整理」し「考えをまとめる」という思考整理を繰り返し、考え抜くことを通じて「本質」をつかめれば、学びを「端的に表現できる」ようになる。

そうすれば、インプットしたことを長く記憶しておくことができますし、仕事でも活用しやすくなるでしょう。

整理に必要なのは紙とペンだけ

ここまでの内容が理解できれば、「20字でまとめる」要約力、思考整理力を鍛えるために必要な要素も、自ずと明らかになります。

ヒトコトで言えば、「制約をかけて学ぶ」です。

資料作成と同じように、「紙1枚」「枠」「テーマ」の3要素で縛りをかけた状態で、学習していけばいいのです。

どうやって実践するのか。

道具は、「紙」と「ペン」だけあれば十分です。

具体的には、図2－2のようなフレームワークを作成し、この空欄を埋めながら学習していきます。

現時点で確認してほしいことは、このフレームワークが、

- **「1枚」の紙に、**
- **「フレーム」を書いて、**
- **「テーマ」を決めて埋める**

図 2-2 「20字」インプット学習法の型

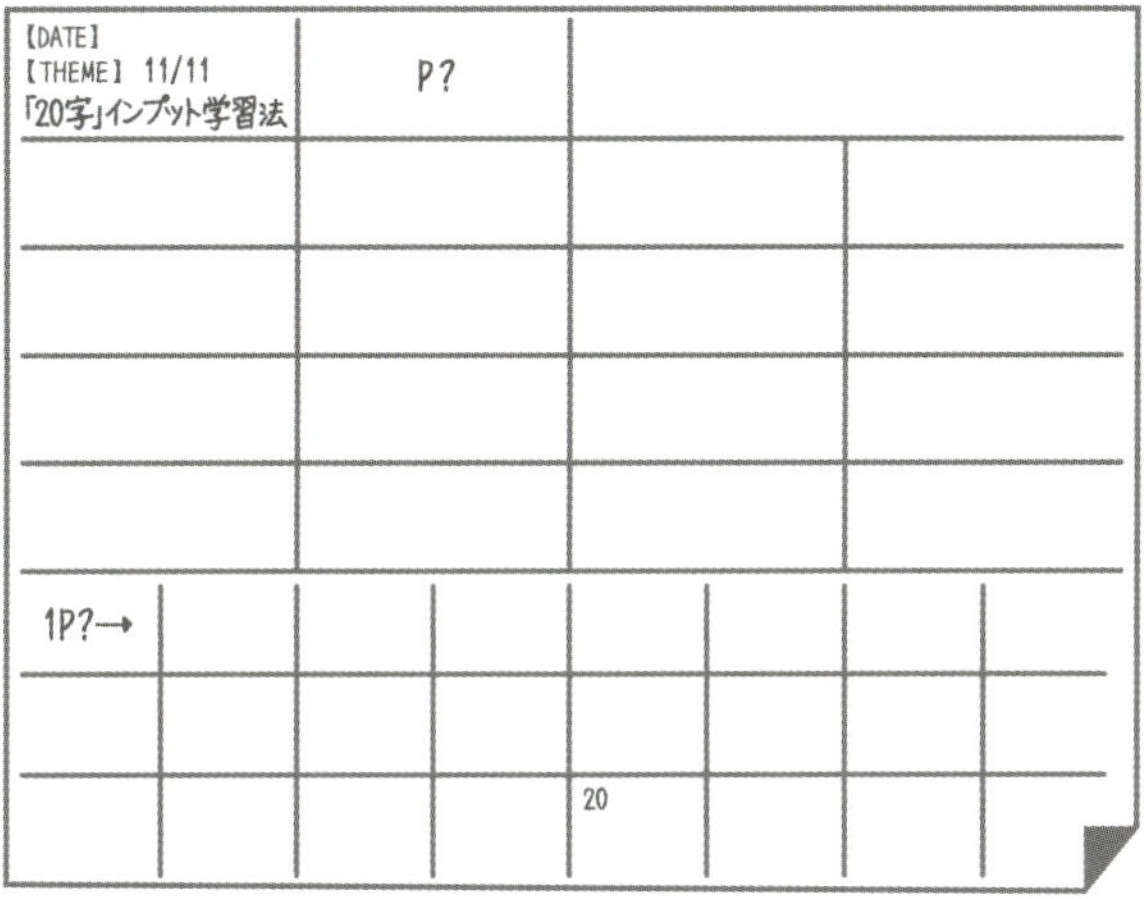

ことによって作成されているという点。

まさに、ここまで説明してきた「3つの制約」が、この型の構成要素そのものになっているのです。

なお、こうした「1枚」「枠」「テーマ」を制約条件にしたフレームワークについて、私はこれまでに15種類以上、独自に開発してきました。

それらをビジネススキルとして体系化したのが、「1枚」フレームワークです。

今回はその中から、「学習」とい

うテーマに特化して、いくつかの型をピックアップしました。さらに、「仕事に活かす」という目的に特化して最適化し、「1シート・ラーニング・システム」として構築したのが本書です。

この本ではじめて「1枚」フレームワークに触れるという読者はもちろん、過去の著作を通じてすでにいくつかの「型」を知っているという人にとっても、新鮮な学びが得られるように設計されています。

特に、これから紹介する「20字」インプット学習法のフレームワークは、本邦初公開となる「1枚」の型です。

どちらのバックグラウンドを持つ方であっても、これからこのフレームワークをたくさん書いて、経験値を高めていってください。

20字インプット学習法

それでは、「20字」インプット学習法の「1枚」フレームワークについて、書き方・使い方を説明していきます。

まずは手元に、「緑・青・赤3色のカラーペン」と、「1枚の紙」を用意しましょう。

これは、「中伝」や「奥伝」で紹介する他の「1枚」の型でもまったく同じです。

これ以上の道具は、一切いりません。

補足として、まずはとにかく書くことを優先してほしいので、はじめのうちはコピー用紙、ノート、裏紙等、紙の形態はある程度の大きさであればなんでもかまわないということにしています。

一応、私が主宰する「1枚」ワークスというスクール受講者の方々に推奨しているのは、Ｂ５サイズのノートです。

とはいえ、このサイズのノートが手近になければ、当面はＡ４サイズなどもう少し大きなものでもかまいません。

ただ、メモ帳は小さすぎるためＮＧです。

あとで実例を見てもらえばわかるのですが、ノートサイズが小さいと、文字の記入が難しくなってしまいます。

最低でもＡ５サイズ以上の、紙やノートを用意するようにしてください。

また、パソコンでの作成もＮＧとしています。

理由は、パソコン画面よりも紙で学習したほうが、人間の脳は活性化するからです。

10代のデジタルネイティブならまだしも、大半のビジネスパーソンの脳は、まだまだこの状態のはず。

「紙はめんどくさい」と感じる人もいるかもしれませんが、急がば回れです。

むしろ、脳が満足に稼働してくれないパソコン上であれこれ考えるより、紙に書きながら思考整理したほうが、結果的には速く学ぶことができます。

さて、ノートなり紙なりを用意したら、今度は「緑ペン」を出して、次ページの図2－3の通りフレームを作成していきます。

「20字」インプット学習法のフレーム作成が完了したら、左上の第1フレームに、日付とテーマを記入しましょう。

なるべくイメージがしやすくなるよう、今回は自分が学びたいテーマについて、本から知見を得るというケースで話をしていきます。

したがって、第1フレームには本のタイトルを記入しておけばOKです。

事例では、アマンダ・リプリーというジャーナリストが書いた『生き残る判断生き残れない行動』（光文社）という本を扱っているため、その書名が書いてあります。

目的を赤ペンで記入

20

「サポート特典ページ」からダウンロードできますので、
詳しくは「おわりに」をご覧ください。

図 2-3　「20字」インプット学習法のフレームワーク

※この「1枚」の「記入フォーマット」をダウンロードできます。
また、この「1枚」の書き方を解説した動画もご用意しています。

少し背景を書いておくと、この名著を読んだきっかけは3・11でした。あの後、「非常時における人間の本質」について、探究している時期がありました。

現代は、歴史的な天変地異が毎年のように起こる時代です。

こんな時、表面的な防災テクニックやノウハウではなく、どんな本質をつかんでいれば、生き残ることができるのか。

自分自身はもちろん、大切な人たちをどうすれば救うことができるのか。

そんな問題意識から、関連する書籍を片っ端から読んでいました。

その中で個人的に最も響いたのが、このリプリーの本でした。

さて、ご覧の通り、この事例は仕事と直接関係がありません。

理由は、「フレームワークに慣れること」を最優先にしてほしいから。現段階では、あなたの興味関心の赴くままに学んでもらえばOKです。だからこそ、あえてこうした実例をチョイスしました。

まず、この学びに関する思考整理の結果を先に言ってしまいます。

私は普段から身近な人たちに向けて、有事に必要な心構えとして以下のメッセージを伝え続けています。

有事の際、人は習慣通りにしか動けなくなる

これで、ちょうど20字になります。

災害時は、あなたも私も、決してクリエイティブにはなれません。

したがって、その場で考えて、その場で判断して、適切な行動をとれるなんてまず思わないほうがいい。

せいぜい過去の習慣の延長線上でしか、行動ができなくなってしまう。

これが最も現実的に、有事に直面した私たちに起きることです。

だからこそ、平時の間にどれだけ有益なシミュレーションをやっておくか。

身近な人たちと繰り返し話し合いをしておくか。

そういった日常の積み重ねが、思考停止状態になってしまう有事の際でも、生き

残る判断や行動を可能にするのです。

実際、書籍の中では、9・11の事例が取り上げられていました。

あのテロ事件の際、ワールドトレードセンター内に入居していたある企業の社員たちは、ほぼ全員生き残ることができました。

なぜかといえば、「有事を想定した避難訓練を、繰り返し行っていたから」です。

逆に、これをやっていなかった企業のビジネスパーソンの多くは、逃げるどころかそのままオフィスに留まり続けてしまいました。

ワールドトレードセンターに勤務するような優秀な人間たちが、なぜそんな判断・行動しかできなかったのか。

この素朴な疑問への答えが、「有事の際、人は習慣通りにしか動けなくなる」という20字の意味なのです。

避難訓練をバカにしている人たちに、ただ「防災意識を高めよう」などと言っても、まず響きません。

ですが、「有事の際、人は習慣通りにしか動けなくなる」という本質から解き明かして説明していけば、多くの人が「なるほど」と感じ、新鮮な「気づき」を得てくれます。

実際、ここまでの私の説明から、そのような感覚を得た人もいたはずです。

「本質をつかむ」という学び方は、単に「忘れにくい」「端的に表現できる」というだけでなく、こうやって人に説明する際の伝わりやすさにもつながっていきます。

01 目的を明確にする

さて、「1シート・ラーニング・システム」として大切なのは、ここからです。

いったい私はどうやって、この20字まとめをつくっていったのか。

それを説明したいと思います。

図 2-4　目的（P?）を書く

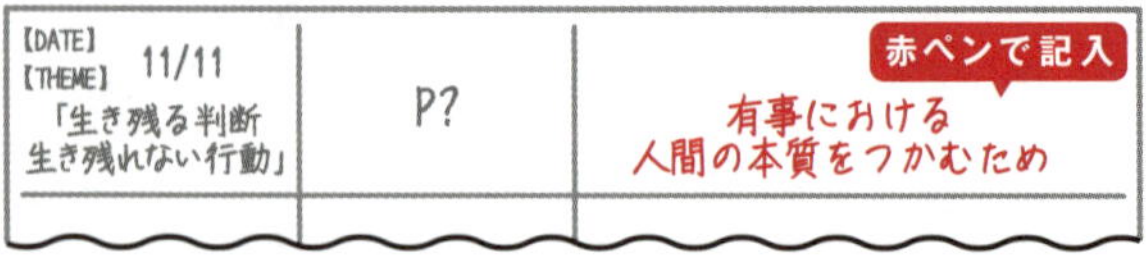

まずは、この本を読む「目的」を考えましょう。

「P?」とは、「Purpose＝この本を読む目的は?」という意味で、この問いの答えを、読書前に「赤ペン」で記入しておくという使い方をしていきます。

実は、端的な要約と思考整理の双方において、「目的」は重要な機能を果たします。

なぜなら、「目的」が明確になることで、目的達成に関係ない情報をバッサリ捨てることができるからです。

逆に、目的達成に役立ちそうな情報だけをピックアップするからこそ、「1枚」や「1行」に収める道も拓けてくる。

重要な部分なので、強調の意味を込めてここは「赤ペン」で記入しましょう。

「目的」は、端的な思考整理を実現していくためのセンターピンなのです。

実例では、「有事における人間の本質をつかむため」と書いておきました。

本を読んでも仕事に活かせない人は、「目的」が曖昧なまま勉強しているケースが大半です。

これまで何百名もの受講者の方に、「どうしてこの本を読もうと思ったのですか？」「なぜこの講座を受講しようと思ったのですか？」と直接聞く機会がありました。

結果は、明確な答えが返ってこないケースのほうが多かったです……。

大半の読者は、なんとなく本を買って、なんとなく本を読んで、なんとなく満足してしまう。

学びの行きつく先は、なんとなく忘れてしまって終わりという結末です。

第1章で解説した通り、私はこうした一連の流れを「消費」型学習と呼んでいますが、このプロセスに終止符を打つためにはどうすればいいのか？

かなめは、最初の一歩。

入り口のところで、本を読む「目的」を明確に言語化しておけばよいのです。

では、どうすれば、こういった習慣を当たり前のものにしていけるのか。

今回の事例で学んだ、リプリーの本が言っている通りです。

そのカギは、「訓練」。

「20字」インプット学習法のフレームワークを繰り返し書いていけば、学習時に「目的を意識する」習慣が身についていきます。

「P？」の枠内に、「赤ペン」で言葉を埋め、「目的」を明文化する。すると、次第にこのアクションが、あなたの思考回路にも影響を及ぼしていくのです。

「目的を意識して本を読もう」と100回唱えるよりも、「紙に書く」という具体的な行動を通じて訓練したほうが、何倍も早く自身の習慣として取り込めます。

ぜひ、「20字」インプット学習法の実践を通じて、「目的を当たり前のように意識できる人、言語化できる人」になっていってください。

「目的」を忘れずに本を読む

「P？」の枠を埋めたら、次は何をするのか。

その紙を横に置きながら、普段通りに本を読んでください。

読み方は自由です。熟読してもいいし、何かしら速読スキルを持っているなら、それを駆使して読んでもらってもかまいません。

ただ、1つだけ基本動作としてお願いしたいことがあります。

時々でかまわないので、先ほど書いた「P？」の部分を、横目でチラチラ見るようにしてほしいのです。

私もあなたも、人は誰しも、信じられないくらいすぐに目的を忘れます。

たとえ紙に書き出して明文化したとしても、一度書いただけでは強く意識できないというのが、特に実践初期の段階では自然な感覚でしょう。

だからこそ、目的を繰り返し「見る」というアクションをやってほしいのです。

何日かに分けて読む場合は、毎回の読書前に。

数時間で一気に読む場合は、3分の1ほど読んだところでよいと思います。

ほんの数秒、ちらっと確認するだけでも十分に有益です。

些細なことですが、こうした基本動作が大事になってきます。「とにかく素直にやってみる」という、「行動ファースト」の精神でいきましょう。

02 キーワードを抜き出す

一通り本を読んだら、今度はフレームワークの中段部分を埋めていきます。

ここは、本の内容を思い出しながら、あるいは本をペラペラと見返しながら、目的達成に役立ちそうなキーワードを書き出していくプロセスです。

今回は「青ペン」で記入していってください。

フレームは全部で16個ありますが、すべて埋めることが目的ではありません。

図 2-5　青ペンでキーワードを書く

【DATE】 11/11 【THEME】 「生き残る判断 生き残れない行動」	P?	有事における人間の本質をつかむため	
リック・レスコラ警備主任	恐怖に打ち勝つには？＝準備	ストレスを乗り越える最上の方法	スマトラ津波・ランギ島ゆれる▶高台へ
非常時＝パニック<礼儀正しく	助かる可能性＝希望▶行動の源泉に	呼吸でコントロール	麻痺＝何もしなくなる
脳をwork＝繰り返し練習	否認▶思考▶行動	脱・否認＝自信・自尊心	8つのP
慣れない環境＝受身、IQ下がる	練習＝ダンドリの重要性	大量<1つだけの教訓	原題：The Unthinkable

青ペンで記入

再確認しておきましょう。

思考整理とは、「情報を整理」し、「考えをまとめる」ことでした。

この「青ペン」プロセスは、あとで「20字まとめ」をつくるためのベースとなる情報、材料を集めて整理する目的でやっています。

したがって、ある程度の数、目安としては8個以上埋められれば十分だという感覚で大丈夫です。

逆に、16個以上キーワードが埋められるケースもあるでしょうが、その場合は16個埋まった時点で強制終了するようにしてください。

それ以上数が増えると、考えをまとめる際の情報量が多すぎて、かえって混乱する事態に陥りかねません。

何事もバランス、中庸、ほどほどが最適です。

とりあえず埋めたキーワードだけで勝負してみる。それでうまくいけばOKですし、イマイチならもう一度トライすればいい。何せ「1枚」書くだけです。

POINT キーワードの抜き出しは10分以内で

補足として、ページをめくりながらピックアップする際は、必要なところだけを確認するようにしてください。

すでに一度読んでいるわけですから、目的達成に役立ちそうな情報が、書籍の前半にあるのか、それとも最後のほうにあるのか、ある程度当たりはつけられるはずです。

くれぐれも、再び熟読モードに入ってしまわないこと。今は目的達成に必要な学びを、「20字前後の1行まとめ」としてつくろうとしているわけですから、キーワードをピックアップして記入する作業に専念してください。

フォーカスするコツは、「時間」の制約をあらかじめかけてしまうこと。

具体的には、10分程度の時間内に、キーワードのピックアップを終えるようにしてください。キッチンタイマーやストップウォッチなどを使ってもよいでしょう。

どうしても10分では難しいという場合も、最大で15分まで。

それ以上は集中力が大幅に落ちるため、NHKの朝の「連続テレビ小説」が終わるまでの間に、キーワード記入を済ませてしまいましょう。

03 赤ペンでグルーピング

10分程度の時間を使って「青ペン」によるキーワード出しが終わったら、最後のまとめに進みます。

ここで再び、「赤ペン」を取り出してください。

「青ペン」プロセスが、思考整理における「情報の整理」の段階だったのに対して、これからやる「赤ペン」プロセスは、後半の「考えをまとめる」に該当します。

今回は、「有事における人間の本質をつかむ」ことが目的ですから、

「有事において、人は○○になる」

といった表現で、シンプルなまとめができればOKということになります。

こんな風に、まずは20字の骨格となる表現を、あらかじめ考えておきましょう。

あとは、書き出した各キーワードについて、「赤ペン」でまとめていきます。

まとめ方のコツは、たとえば以下の3つです。

・同じ意味の言葉に○をつけ、線でつないでいく
・似たような言葉を囲み、いくつかのグループに分類してみる
・複数の言葉に通底するキーワードを考え、空きスペースに追記しておく

以上を踏まえ、目的達成につながる言葉をまとめていきます。その際、最大のポイントは、「赤ペン」で「つなぐ」「囲う」などの「動作をしながら考える」こと。

アタマの中だけで思考整理を完遂させるというのは、よほど意識的にトレーニングをしない限り、困難です。普通の人にそんな高度な思考整理力はありません。

紙を見て、「赤ペン」でキーワードをつなぎながら考えをまとめていったほうが、アタマの中だけでなんとかしようとするよりも、かえって効率的なのです。

この辺りは体感してみないことにはピンとこない世界のため、一通り解説を読み終わったら、ぜひ自身でもトライしてみてください。

ちなみに、色を変えている理由は、「視覚的に見やすくするため」です。

そのほうが、思考整理をより効率的に行うことができるようになります。

20字の一言でまとめる

さて、ある程度考えがまとまってきたら、下半分に作成した「1P?」の欄に、「赤ペン」で1文字ずつ埋めていってください。

「1P?」とは、「1Phrase＝ヒトコトで言うと?＝1行で言うと?＝20字程度で言うと?」を意味しています。

実際には「全部で23マス」ありますので、3文字分はバッファです。

ここでもポイントは、「制約」。

あらかじめ、これ以上の字数ではまとめられないようにしてしまうのです。

そして、自分の考えたまとめが、はたして20字前後に収まるのかどうかを、実際に記入して確かめていく。

もちろん、はじめのうちはキレイに収めることができないケースも多々あるでしょうが、それでまったくかまいません。

トヨタ1年目の時の私と、同じです。

「質より量」の世界観で、まずは繰り返しこの制約でトライすることが先決。

10枚も書けば、20字前後というのがどれくらいの分量なのか感覚がつかめてきますし、徐々に収められるケースも増えていきます。

20枚を超えた頃には、毎回20字前後に要約することが楽しくなってくるはずです。

そうなれば、あとは自らの意志でさらに30枚、50枚と書き続けていけるでしょう。

最終的には、こういったフレームワークをわざわざ書かなくても、頭の中だけで同じようなことができる状態を目指します。

先ほど、それは非常に知的レベルの高い行為だと書きましたが、同時に「よほど

有事における人間の本質をつかむため	
ストレスを乗り越える最上の方法	スマトラ津波・ランギ島 ゆれる▶高台へ
呼吸でコントロール	麻痺＝何もしなくなる
脱・否認＝自信・自尊心	8つのP
大量＜1つだけの教訓	原題：The Unthinkable

赤ペンでまとめる

際	、	人	は
に	し	か	動
20 る			

図 2-6　丸や矢印をつけながらまとめる

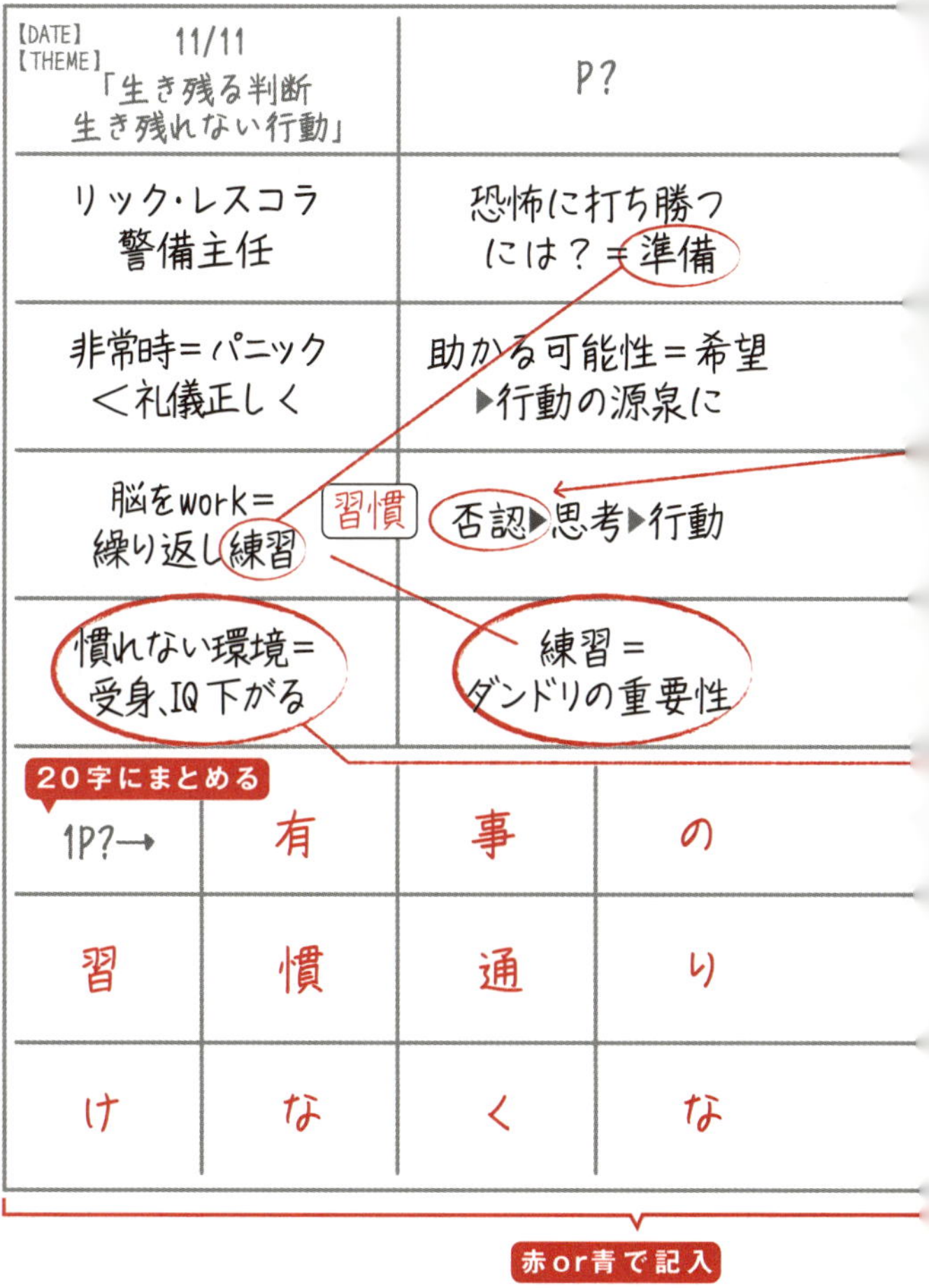

のトレーニングを受けていれば」という条件もつけておきました。

実は「20字」インプット学習法の型を繰り返し書くことが、まさに「よほどのトレーニング」になるのです。

習熟すればするほど、たとえば本を読んだ後ではなく、本を読みながら、端的な20字まとめをその場で繰り出せるようにもなっていきます。

当初は「めんどくさい」と感じるかもしれませんが、スキルというのは何であれ、めんどくさいことを繰り返した結果、習得できるものです。

そして、一度習得してしまえば、呼吸をするくらい自然にできてしまう。

すなわち、まったく「めんどくさくない世界」が待っています。

本書で提唱していることは、たった「1枚」書くだけです。

他のスキルに比べれば、負荷は最小レベルにまで落としてあります。

「紙なし」から「紙1枚」、そして再び「紙なし」の世界へ。

ぜひ、まったく違うステージでの「紙なし」思考整理力＝学習力を手に入れるべく、楽しんでチャレンジしていってください。

20字にまとめるためのヒント

いきなり20字前後に収める自信がなければ、はじめのうちは「青ペン」で記入し、あとから「赤ペン」でセルフ推敲をしていきましょう。

具体的には、次の3つの質問で、言葉の短縮が図れます。

・「もっと短い別の言葉」に言い換えられないか？

・言葉の「順番を入れ替える」ことで、もっと端的に表現できないか？

・「修飾語句」を省いたり、補うことで、もっとわかりやすくできないか？

こうした観点で、自ら「赤ペン」添削をやってみてほしいのです。

このやり方なら、「あとで赤ペン修正できるからいいや」という余裕が生まれるため、より気軽に「1P？」の記入ができるようになると思います。

CASE 2

複数の本から自分なりの本質をつかむ

ここからは、「20字」インプット学習法の追加事例です。今回のケースは、よりダイレクトにビジネスのテーマを扱います。「戦略の本質をつかむため」という目的で、様々な本を読んだ時に書いた「1枚」です。

個人起業家として、どのような考え方で戦略を立案すれば、長く事業を継続・拡大していけるのか。

そんな背景から、様々な経営書やビジネス書を読んで研究していた時期があります。教材もたくさん購入しましたし、セミナーにも何度も足を運びました。

このテーマで書いた「20字」インプットの型が、図2－7です。

図 2-7 複数の本から思考を整理する（戦略の本質をつかむ）

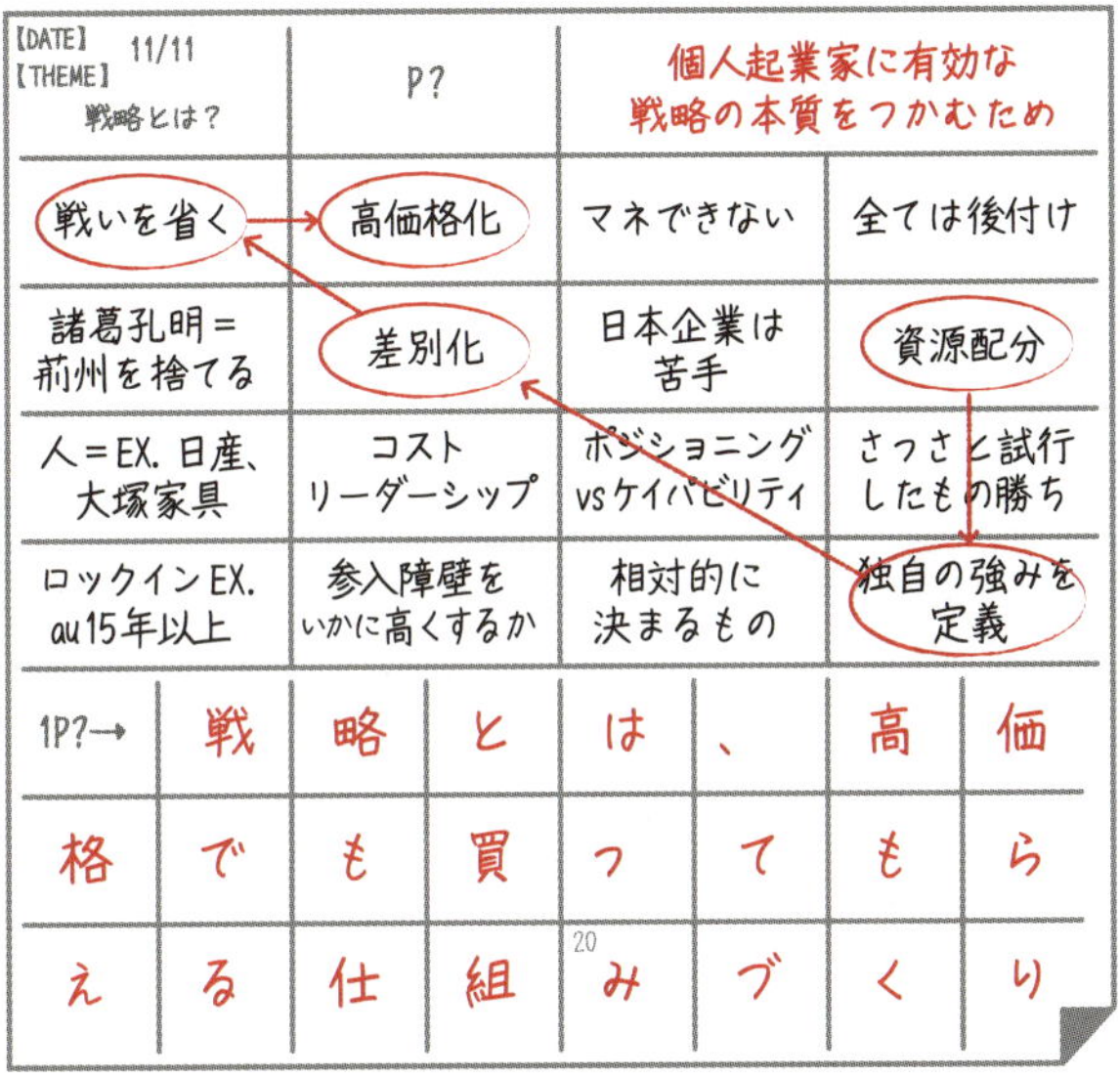

【DATE】11/11 【THEME】戦略とは？	P?		個人起業家に有効な 戦略の本質をつかむため
戦いを省く	高価格化	マネできない	全ては後付け
諸葛孔明＝ 荊州を捨てる	差別化	日本企業は 苦手	資源配分
人＝EX. 日産、 大塚家具	コスト リーダーシップ	ポジショニング vsケイパビリティ	さっさと試行 したもの勝ち
ロックインEX. au 15年以上	参入障壁を いかに高くするか	相対的に 決まるもの	独自の強みを 定義

1P?→	戦	略	と	は	、	高	価
格	で	も	買	っ	て	も	ら
え	る	仕	組	み	ブ	く	り

まず理解してほしいことは、これは特定の本からつくった「1枚」ではありません。

様々な書籍、あるいはネットの講義、教材、ライブセミナーなどからのインプットを通じて、私の頭の中には、「戦略とは何か？」という問いについての色々なキーワードのストックがありました。

今回はそれらについて、「青ペン」でランダムにキーワードを書き出していったケースとなっています。

このように、1冊の本や1つのセミナーからしか、キーワードを引っ張ってはいけないというルールはありません。

目的の達成が第一ですから、他の本や書籍以外のコンテンツ、セミナー、ネット講義等を組み合わせたとしても、学習上はまったく問題ありません。

むしろ、こうやって能動的に思考整理をし、噛み砕いていくような学習姿勢こそが重要です。いつまでも覚えていられ、あとから仕事で活用できるようなインプットをどんどん増やすべく、こうした学習観に慣れていきましょう。

唯一の答えでなく自分なりの答えを目指せばいい

さて、「青ペン」プロセスで集めた材料から、私はこんな1行をまとめました。

戦略とは、高価格でも買ってもらえる仕組みづくり

今回は23文字なので、ギリギリOKという感じになりました。

もう少し縮めるなら、たとえば、

戦略=高価格でも買ってもらえる仕組みづくり

とすれば21字になります。こんな風に記号を活用することでも、字数は減らせます。推敲時の1つのアイデアとして活用してください。

さて、今回の事例を通じて、理解を深めてほしい点があります。

大前提として、「戦略とは?」の定義は、他にいくらでもあるということ。

この事例に限らず、先ほどの「有事における人間の本質は?」もそうです。

唯一の正解などというものがあるわけではないし、そういう世界観でやっている限り、20字まとめを量産していくことはできません。
くれぐれも勘違いしないでください。

大切なのは、「目的の達成に役立つかどうか」

なぜ今回、「戦略＝高価格でも買ってもらえる仕組みづくり」という表現でまとめたのかというと、私が個人起業家だからです。

個人起業家というのは、文字通り1人でビジネスをしています。

他に社員がいない以上、私がお客様に割ける時間の上限は、1日あたり8時間程度。したがって、関われるお客様の人数も、この時間的制約から自ずと上限が決まってしまいます。

時間が限られる。関われるお客様の数も限られる。

そんな中でも、自分が毎月ほしいと考えている売上を達成するためには、高価格でも価値を感じ、喜んで買ってもらえるようにしていく必要があります。

リソースの限られる個人起業家（あるいは中小企業も）における戦略の本質は、「高価格でも買ってもらえる仕組みづくり」にある。

私にとっての「仕事で役立つまとめ」は、やはりこの1行なのです。

このように、どのまとめ方が「実用レベル」で役に立つかは、人によって変わってきます。実際、大企業にいた時代に私がこのまとめをつくっても、使い道はなかったでしょう。

すべては、「目的」次第です。もう一度、74ページのメッセージを思い出してください。


「目的」は、端的な思考整理を実現していくためのセンターピン

ただ、改めてこのメッセージをピックアップしてみて、20字を大幅に超えてしまっていることに気づきました（29字）。

ちょうどよい題材なので、ここでワークをやってみましょう。

あなただったら、どうやって「より少ない字数」で収めていきますか。
「字数を減らしていく」ための3つの質問も、再掲しておきます。

・「もっと短い別の言葉」に言い換えられないか?
・言葉の「順番を入れ替える」ことで、もっと端的に表現できないか?
・「修飾語句」を省いたり、補うことで、もっとわかりやすくできないか?

たとえば、単純に「もっと短く」するなら、
「目的」は、端的な思考整理のためのセンターピン
これで23文字にまで減らせます。あるいは、言葉の「順番を入れ替える」なら、
端的な思考整理のためには、「目的」が必須

これで20字に収まりました。

最後に、「言葉の選択」を変えて、もう少しわかりやすくするとしたら、

「目的」は、シンプルな思考整理実現のカギ

「端的」を「シンプル」に、「センターピン」を「カギ」にしたうえで、なおかつ20字に収めてみました。

最終的にどの表現を採用するかは、「あなたが覚えやすいかどうか」で決めれば大丈夫です。

著者ではなく、自分に身近な表現を優先する

そうすることで、より使い勝手のよい20字まとめが可能になります。

また、著者よりも自分の言葉を優先する。これをやっていると、「本当にこの言

葉のチョイスでいいのか」と考える機会、すなわち「考え抜く」というより深い思考整理を促すきっかけにもなります。

言葉の守備範囲としては無理のないレベルかどうか。
原文の意味を著しく損ねるようなことになっていないか。
それでも、実用上は言い換えたほうが覚えやすいか、使いやすいか、等々。
こうした試行錯誤が、あなたの思考整理力、要約力を高めていきます。

「正しいかどうか」より「役立つかどうか」

最後に1つ、今回の事例でも扱った「本質」という言葉の補足をしておきます。
「本質」は、決して「絶対的な真理」ではありません。

あくまでも、「多くの事象に当てはめられる」だけであり、今回であれば、「個人起業家という前提」において、できるだけ多くのケースに当てはまるような本質的1行を抽出しているわけです。

実際、これまでに数多くの個人起業家にこのまとめを紹介してきましたが、全員が「なるほど！」と了解し、自身の仕事にこの1行を活かしています。

また、そのことで、「なぜ今まで稼げなかったのかよくわかった」「何を大切にして事業をやっていけばよいのかクリアになった」といった、感謝の言葉をもらう機会もたくさんありました。

端的な表現でインプットすれば、周囲にもカンタンにシェアできる。それで人の役に立てるのであれば、これほど有意義な学習法はないのではないでしょうか。

「正しいかどうか」という真理探究の学習観で学ぶと、必ず行き詰まります。

私たちはビジネスパーソンですから、そうではなくて、自分自身や周囲の同僚、お客様の「役に立つかどうか」という判断基準を優先しましょう。

そうすれば、「この20字でＯＫ」という体験をどんどん増やしていけます。

仕事に活かすなら真理探究より「本質」探究

実践が停滞した時は、この20字でリカバリーを図ってください。

CASE 3

20字インプットで教養を身につける

実例を2つ見てもらうことで、気がついた読者もいるかもしれません。

「いつまでも覚えていられるようにインプットできる」というのは、この学習法の数あるメリットのうちの、実は1つにすぎません。

実際には、「本質をつかむことができる」であったり、「人の役に立つことができる」であったりと、他にも様々なメリットがあります。

その中でも、今回は「教養が身につく」というメリットにフォーカスをあてて、もう1つ実例を紹介してみたいと思います。

「日本史の本質をつかむため」という目的でつくった「20字」インプットの「1

枚」フレームワークです。

学習の世界では、不定期に「教養ブーム」、「歴史ブーム」のようなものが起きます。何年に1回かは、その手のベストセラーが生まれ、そのたびに多くのビジネスパーソンがこんな想いに駆られます。

「ああ、もっと教養ある大人にならなければ」と。

本書の読者の中にも、「教養を高めたい」といった願望を持っている人は少なからずいると思います。

教養の定義は様々ですが、1つの必要条件として多くの読者に了解してもらえるであろう観点は、やはり「歴史に精通しているかどうか」ではないでしょうか。

では、「歴史に精通している」とはどういう意味か。

これも、「日本史と世界史の教科書の内容が一通りアタマに入っていること」という量的定義もあれば、「細かい知識よりも、大きな歴史の流れや確固たる歴史観のようなものがつかめていること」といった、質的な捉え方もありうるでしょう。

今回は後者の定義を採用したうえで、なおかつ日本史に絞って話をしてみます。

歴史の本で本質をつかむ

次ページ図2－8の「20字」インプットのまとめを見てください。

日本史の本質とは、何か。
おそらく誰もが興味のあるテーマだと思います。
結論から言うと、私なりの思考整理は以下の通りです。

「祟《たた》られたくないから」が、日本史の原動力

この定義は、『逆説の日本史』シリーズで著名な井沢元彦さんの著作を、大量に読む中で見出していった1行です。
したがって、これも1冊の本で思考整理したまとめではありません。

図2-8　教養を「20字」の
自分の言葉にまとめる

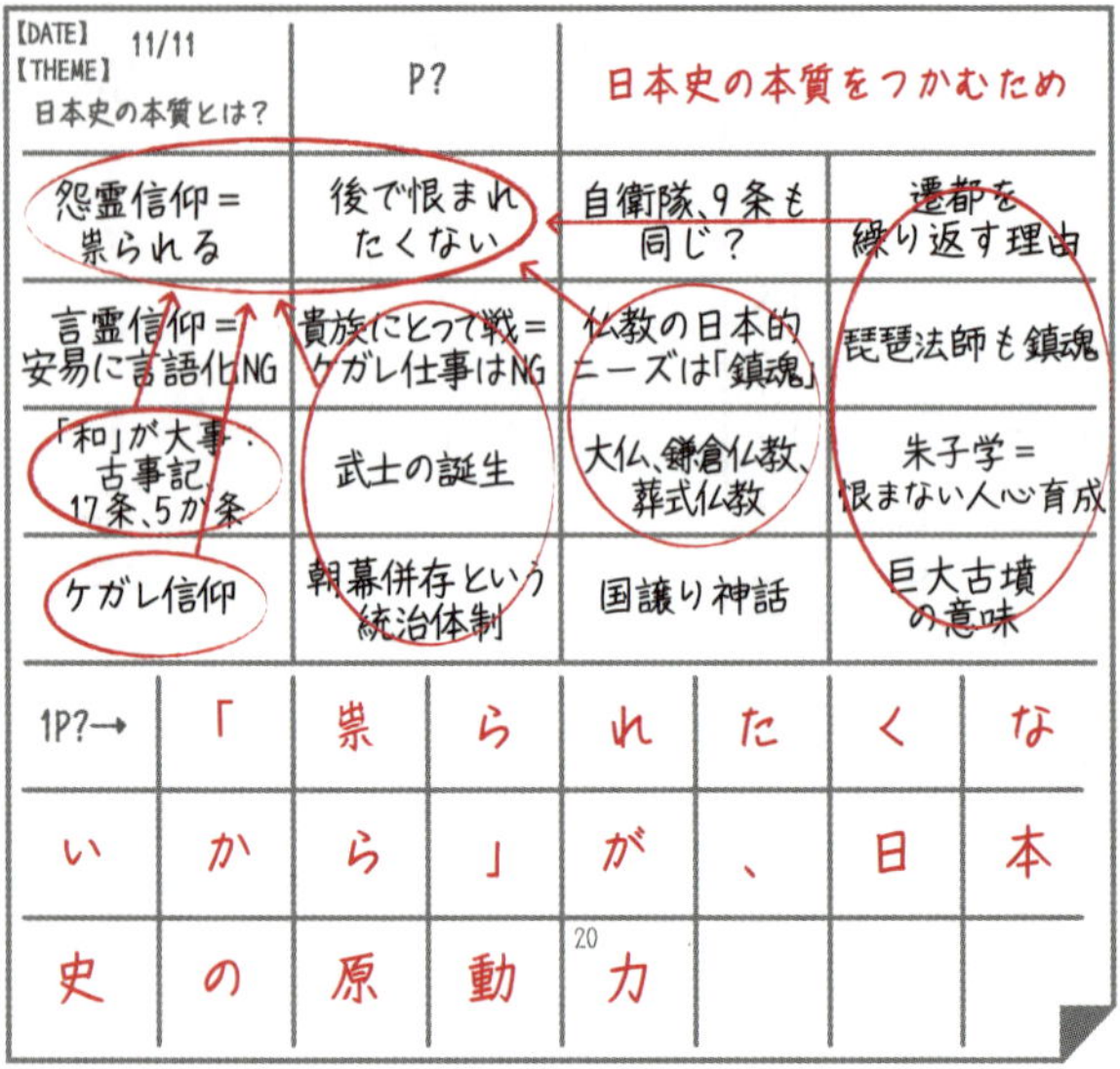

井沢さんの著作を30冊ほど読んだ後に、図2-8の「1枚」を書き、そこからつくりだした20字ということになります。

自分なりのまとめをストックしよう

少しだけ解説をしておくと、たとえば、「奈良の大仏」はなぜ建立されたのでしょうか。なぜ、平城京に平安京にと、繰り返し「遷都」が行われていたのか。なぜ幕府が誕生し、「朝廷と幕府が併存」する特異な統治機構が生まれたのか。日本人は、なぜ「和を以て貴しとなす」を大切にするのか。

こうした問いの答えを探っていくと、結局最後はすべて「祟られたくないから」という理由に行きつきます。

「祟られたくないから」、大仏をつくったり遷都を繰り返し行ったりしたのです。人を貶《おとし》めたり殺《あや》めたりした結果、あとで「祟られたくないから」、朝廷は幕府という紛争処理機関をつくって、煩わしいことを任せてしまったのです。

「和を以て貴しとなす」を大切にしているのも、不遇の顛末に終わった者からあとで「祟られたくないから」、こうした価値観を是とするようになったわけです。

いかがでしょうか。

こうやって、多くの事象を一気通貫で説明できるような本質的1行をつかんでしまう学習は、素直にとても楽しいことだと感じるはずです。

そのうえで、さらに理解や説明の精度を上げたり、本質の適用範囲を見極めたりするべく、他の情報、もっと詳細な情報を仕入れて深く学んでいく。

そして、繰り返し、20字まとめをつくり直してみる。

そんな学習の仕方であれば、暗記としての歴史学習に陥ることもありませんし、おそらく「教養を身につけたい」と望んでいる人の大半は、こうした1行をたくさんストックできれば、それで十分満足なのではないでしょうか。

なぜ、今、教養を学ぶか

この事例で教養について触れましたので、少し私見を述べさせてください。

そもそも「教養」とは何か。私の答えは、以下の通りです。

教養とは、自由な人生を歩むために学ぶもの

今後、「20字」インプットの型で学習を進めていくと、あなたは「シンプルな言葉にまとめていく力」をどんどん高めていくことができます。

また、その力は「物事の本質をつかむ力」も、同時に高めてくれるはずです。

「本質」をつかめれば、多くの事象を同じ捉え方で扱うことができるようになるため、世界観や人間観、人生観などが次第に確固たるものになっていきます。

私は、教養とはこうした「確固たる世界観や人間観、人生観を形成するため」に身につけるものなのではないかと考えています。

そもそも「教養」とは、「リベラルアーツ」の訳語です。

つまり、「リベラル＝自由に生きるため」の「アーツ＝技術を身につける」というのが、教養の目的だと言えるのではないでしょうか。

「自由」に生きるためには、「確固たる世界観・人間観」、そしてそこからくる「自分はこう生きるんだ」という確信に満ちた「人生観」が必要になってきます。

そんな風に理解してみると、「教養」という言葉の見通しがクリアになるはずです。

教養は自分の「よりどころ」になる

これまでに私が出会ってきた「教養ある人」は、1つ1つの言動に自信が満ち溢れているような人たちばかりでした。

「世界観や人間観、人生観を獲得したい」という動機から、知的好奇心全開で、幼少期から大人になって以降も、貪欲に学び続けてきたのでしょう。

そうして、自分なりに本質をたくさんつかんできたからこそ、数々の意思決定の場面で、ブレずに決断を繰り返し、ビジネスでも成功してきたわけです。

その結果、いちいち行間や前提を説明されなくても、たったヒトコトで納得させられてしまうような凄みが生まれてくる。そうやって立ち振る舞えるような人こそが、教養ある人の特徴なのではないか。

私はそう捉えていますし、この特徴をさらに別の言葉で表現すれば、

自信の「よりどころ＝本質」を、数多くつかんでいる

これが、自由な人生を謳歌する教養人の条件だと思うのですが、いかがでしょうか。

「20字」インプットのフレームワークは、シンプルな学習の「型」です。にもかかわらず、「教養ある人」に近づくための「本質」探究を、誰もが行動に移せるレベルで実践できてしまう。そんな画期的な「教養獲得」の型、といった言い方もできます。

このフレームワークを通じて、本質的な1行を日々見出していくトレーニングは、

確固たる世界観や人間観、人生観を獲得していく営み、すなわち、

「自由」を獲得するための「リベラルアーツ」

そのものとなります。

「教養を身につけたい」と考える人の多くが、とかく「量」に目を奪われがちです。

しかし、ＡＩが台頭する近未来において、「量」にこだわる学習の必然性は下がっていくばかりなのではないでしょうか。

重要なのは、「数多くの事象に当てはめられるシンプルな本質を、どれだけ厳選してつかめているか」という点です。

ここにこだわって学習をしていかないと、確固たる自分軸を形成することなく、使い道のない知識をただ大量にインプットするだけで終わってしまいます。

私もまだまだ道半ばですが、どうぞ一緒に、「１枚」を書きながら「本質をつかんだ教養人」を目指していきましょう。

第3章

アウトプット力を高める「学び方」

人に聞かれたら、説明できるように理解する

Ｐａｒｔ１：「初伝」が「インプット」学習をメインにしていたのに対して、Ｐａｒｔ２：「中伝」は「アウトプット」学習をメインに扱います。

ところで、「アウトプット」とはいったい何を指す言葉なのでしょうか？

「アウトプットが大事だ」「アウトプット重視でやっていこう」「アウトプット次第で決まる」等々、仕事をしていると頻繁にこの言葉を見聞きします。

ただ、いざその意味を考えてみると、何も答えられないという人は案外多いようです。あなたは、この問いにどう答えるでしょうか。

もちろん、Ｐａｒｔ１で提示してきた様々な質問と同様、この投げかけの答えに

も、唯一の正解があるわけではありません。

ただ、多くのビジネスパーソンが了解し、また実用性が高い「本質的な答え」はいくつかありうると思います。

これまで、数多くの受講者の方々とコミュニケーションさせてもらいながら見出した答え。その一つとして、次のような20字があります。

アウトプットとは、人に「説明」できること

「仕事ができる」と評価されているビジネスパーソン学習者の大半が、この1行、すなわち説明力に長けています。

あなたはどうでしょうか。

学びを人に、わかりやすく説明することができるでしょうか。

「アウトプット力」が高いトヨタの上司は、「聞き方」が違った！

トヨタでの新入社員時代の話を、少し共有させてください。

当時は幸いにして、非常に優れた上司から学びを得る機会に恵まれていました。どのように優れていたのかというと、ヒトコトで言えば「アウトプット力」。すなわち、「説明力」がズバ抜けている人だったのです。

ある時、上司が突然、部長から呼び出され、「なあ、この仕事ってどうなってるんだ？」と確認される場面がありました。

私は横でやりとりを聞いていたのですが、上司はいきなりの問いかけだったにもかかわらず、「あーこの件ですね。ポイントは3つですかね。まず、他部署への確認についてですが……」という具合に、理路整然と要点を部長に説明してしまったのです。

私はこの応答を見た時、衝撃的に驚きました。

なぜかというと、この時上司がわかりやすく説明した案件は、そもそも「上司の担当業務ではなかった」のです。

自分の担当業務ではないにもかかわらず、なぜこれほど明瞭に、おそらく本来の担当者よりもわかりやすく説明できてしまうのか。

しかも、「突然呼ばれて」というまったく準備時間がないシチュエーションで、どうしてこんな立ち回りができてしまうのか。

1回ならまだしも、何度もこんな仕事ぶりを見せられ続けてしまったため、直接質問してみることにしました。

「どうしたら、そんな受け答えが毎回できるようになるのですか」と。

上司からの答えは、非常にシンプルかつ本質的なものでした。

「自分はいつも、いざ人に聞かれたら説明できるように、物事を理解している」

これは今もって、本当に一生ものの学びでした。
ただ、このセリフのままだと30字を超えてしまっているので、あなたは次の1行で心に刻んでおいてください。

理解とは「人に説明できる状態」になること

この20字の価値を、あなたはすんなり受けとることができるでしょうか。
ほとんどの学習者は通常、次の1行のほうを前提にしているはずです。

理解とは、「自分がわかればそれでOK」

要するに、「理解とは？」という言葉についての定義が、「自己完結」型なのです。
そうではなくて、実際に人に説明する機会があるかどうかに関係なく、すべての物事を、いざ人に説明しようと思えばできるというレベル感で理解していく。

これが、「アウトプット」型の仕事観であり、学習観なのです。

先ほどのまとめを、「学習」をテーマにしてさらに言い換えるなら、

学習とは、説明可能なレベルで思考整理する営み

Part1は、「記憶」や「本質探究」「教養獲得」などを念頭に、学習という言葉を定義しておきました。

一方、「アウトプット」をメインテーマとしているPart2において最も重視すべきキーワードは、「説明」を念頭に置いた思考整理となります。

第一人者は、なぜ質疑応答能力が高いのか？

もう1つ、今度はトヨタではなく、その後に転職したビジネススクール勤務時代のエピソードを共有しておきます。

私の仕事は、各界の著名人が集まって行われるパネルディスカッションや基調講演などを取材し、ウェブ上に学習コンテンツとしてアップすることでした。

仕事でありながら、最先端の知のシャワーを毎日のように浴びられる。そんな知的刺激に満ちた、面白い業務内容でした。

登壇者は、各業界の第一人者ばかりだったのですが、彼ら・彼女らにはある共通点がありました。

「質疑応答」能力が、異常に高い人たちばかりだったのです。

講義のあと、毎回のように受講者から質問を募る機会があったのですが、どの登壇者も、その場その場で理路整然と、端的に質問に答えてしまう。まるで、私が新人時代に薫陶を受けた上司のような人たちばかりでした。

何より、質問への回答内容以上に、その立ち振る舞いそのものから、「この人は本当に仕事ができる」ということが、言外に伝わってくるのです。

結果、その場にいた聴衆の尊敬を集め、ますます名声が高まっていく。

こんな立ち振る舞いを日常的にやっていれば、業界で第一人者と評される存在になるのは必然。取材をしながら、そんなことを学ばせてもらいました。

さて、いったい彼ら・彼女らはなぜ、突然の質問にもかかわらず、これだけ当意即妙な応答を量産することができるのでしょうか？

やはりその答えは、

「人に説明できるレベル」で理解しているから

トヨタ時代の私の上司も、ビジネススクールで出会った各界の成功者たちも、仕事ができる人たちの共通点は、高い説明能力にある。だからこそ、「アウトプット」の定義として、数あるキーワードの中から「説明力」をチョイスしたわけです。

説明力が職場での評価も左右する

このように、「人に説明できるレベル」という定義でアウトプット学習をしておくと、「周囲からの評価が上がる」というメリットもあります。

すでに「初伝」を通じて、あなたは薄っぺらい表面的な学びではなく、多くの人が耳を傾けたくなるような本質的学びを、多数ストックできるようになっています。

もし、そうした学びについて、わかりやすく人に説明できるようになれたとしたら。周りがあなたを見る目も、変わったものになってくるのではないでしょうか。

実際、私がビジネススクールの質疑応答で感じたように、学びをわかりやすく説明できる人は、確かにカッコいいと思います。

リスペクトの念が生まれますし、「この人についていきたい」という評価にもつながりうる。だからこそ、業界のリーダー的存在にもなれるのでしょう。

経営者に限らず、優れた政治家＝名演説家という判断基準を持つ人も多くいます。

「説明力」は、あなたの職場での評価を左右してしまう。

それほど重要なファクターなのです。

承認欲求オンリーでアウトプット型学習に励むのは決して褒められたものではありませんが、それでも多かれ少なかれ、この動機自体は誰にでもあると思います。

ただ、そうであるならば尚更です。

理解とは、「自分がわかればそれでＯＫ」

という固定観念は、これを機に忘れてしまう。その代わり、

というアウトプット型の学習観に、今すぐアップデートしてしまいましょう。

「わかる」ための3つの疑問詞

ここまでの解説で、「アウトプット」すなわち「人に説明できるレベル」で学ぶことの意義は、理解してもらえたのではないかと思います。

ただ、これでもう実践編に突入してしまってよいかというと、まだ不十分です。もう1つ、重要な問いをカバーして、あなたとの共通認識をつくっておく必要があります。いったいどんなテーマかというと、

わかるとは、何か？

「人に説明できるように学ぶ」というのは、言い換えると、説明を聞いた相手が「わかった」と言ってくれるように学ぶということを意味します。

そこで、「いったい何を説明すれば、相手はわかったと感じるのか？」という疑問を解消しておかなければなりません。

わかるとは、「3つの疑問」が解消した状態

この20字が、私なりの膨大な思考整理の結果です。

ここでまた少し、トヨタで日々「紙1枚」資料を作成していた時代の話をさせてください。今回のポイントは「資料へのツッコミ」という観点になります。

当時、作成した資料について上司や役員に説明をするたびに、ありとあらゆる種類のツッコミを浴びせられてきました。

「サンドバッグ状態とはまさにこのこと」というくらい、厳しい質問からどうでもいい愚問まで、本当に色々な種類の質問を直接受けてきました。

とはいえ、こちらも黙って、ただ闇雲にサンドバッグをやっていたわけではありません。どんな角度から、どんな種類のパンチが飛んでくるのか。

それらをある程度分類、類型化することはできないだろうか。

パターン化さえできれば、こちらも対処が可能になるのではないか。

そんな観点から、「報連相時のツッコミ研究」を独自に何年も行っていたのです。

その結果たどり着いた本質が、

わかるとは、「3つの疑問」が解消した状態

であり、「What?」「Why?」「How?」という3つの疑問詞だったのです。

「What」「Why」「How」で整理する

たとえば、53ページでトヨタ時代の「1枚」資料を紹介しましたが、資料の項目すべてについて、3つの疑問詞で分類することが可能です。

・企画の概要、打ち合わせ結果、問題の明確化、現状把握、等　＝　What?
・企画の背景、出張目的、真因分析、等　＝　Why?
・予算・発注先、スケジュール、今後の対応、対策立案、等　＝　How?

補足として、「発注先」は「どこに発注＝Where?」「誰に発注＝Who?」と考えることもできます。ただ、大きく捉えれば「どうやって実現するか?」という問いでくくれますので、やはり「How?」に分類できるのではないでしょうか。

あらゆるツッコミは、3つの疑問詞に分類可能

この本質をつかんで以降、自分が作成する資料については、つねに「What?」「Why?」「How?」を網羅して構成するようになりました。

すると、この説明スタイルで満足してもらえる場面が劇的に増えていったのです。

それだけでなく、ツッコミを浴びせられること自体が、どんどん少なくなっていきました。自分の伝えたいメッセージが相手にあっさり伝わり、サクサク仕事が進んでいく。

こんなことを何度も経験するうちに、「ある考え」が習慣化していきました。

人に評価される思考整理とは

「ある考え」とは、

つねに、「3つの疑問を解消」するように「思考整理」する

つまり、人に説明する場面があるかどうかを問わず、思考整理をする時はつねに3つの疑問詞を解消するように考えをまとめていく。

こうした思考回路が、当たり前になっていったのです。

当然ながら、これは前述の上司の立ち振る舞いからも学んだことなのですが、決定的に違うのは、「資料作成という具体的な動作」を伴っていたこと。

第2章でも詳述した通り、行動が伴うカタチで実践したほうが、思考回路や習慣の形成は容易になります。

「上司からの学び×資料作成を通じての実践」という掛け算で、私はこうしたアウトプット型の思考整理を、当たり前のものとすることができたわけです。

実際、この思考回路のインパクトは、絶大なものでした。

まず、「何がわかっていないのかが、わからない」といった事態に陥ることが、なくなりました。いつも、「3つの疑問詞がクリアできればOK」だからです。

これほどシンプルな「よりどころ」はありませんし、第2章の教養の解説で示した通り、「よりどころ」は自信ある言動の原動力になります。

「わかる」ことをマネジメントする

また、「どこまでわかったらOKとすればいいのか」の線引きで、悩むことも少なくなりました。

本来、「わかる」にはキリがありません。

たとえば、テレビのリモコンについて、あなたはその使い方を「わかってはいる」はずです。ところが、「なぜ操作できるのか？」と問われると、その機械的なメカニズムを説明できる人はほとんどいないでしょう。

この観点では、まだまったく「わかっていない」わけです。

また、仮にメカニズムの説明ができたとしても、「ではなぜこのメカニズムで機能するのか？」と問えば、いくらでも深掘りができてしまいます。

このように、「わかる」にはキリがない以上、何かしらの線引きをすることで、私たちはそれで「わかった」という感覚をつくっていかなければならないのです。

私はこのことを「わかるのマネジメント」と言っているのですが、その線引きとしておそらく最も使い勝手のよいキーワードが、「3つの疑問詞が解消した時点でわかった」としてしまうことなのです。

このように「わかり方」を定義した結果、本当に日々の思考整理で迷うことが少なくなりました。「わかった」という感覚を量産していけるようになったため、迷わず行動できたり、説明できたりする場面が、どんどん増えていったのです。

こうした自信みなぎる立ち振る舞いは、前述の通り周囲からの評価にもプラスの影響を及ぼします。

アウトプット型に相応しい立ち振る舞いをするためには、「3つの疑問を解消する」というわかり方を習慣にすることが、必要不可欠なのです。

「2W1H」がわかるように理解する

ここで「初伝」の復習です。学習とは、「思考整理」の積み重ねでした。したがって、次のようなまとめが可能になります。

学習も、3つの疑問を解消するように学べばOK

この学習スタイルを基本にしておけば、どんなテーマで学んでいる時にも、「わかった」という感覚をつかむことができます。

あとは、その「わかった」をそのまま人に説明すれば、周囲の大半もまた、それで「わかった」と感じてくれるでしょう。

また、疑問詞をこの3つにすることについては、もう1つ理由があります。

それは、人の「わかり方」の傾向が、この3つのどれかになるからです。

あなた自身は、「Ｗｈｙ？」をトコトン追求することが好きかもしれません。あるいは、「Ｗｈａｔ？」重視で、大量の実例やケーススタディに触れたいという人もいるでしょう。

一方で、「Ｈｏｗ？」でわかる傾向が強く、「で、どうするの？」「どうなるの？」「次は？」といった疑問ばかりが湧いてくる。そんな方もいるはずです。

あなたのわかり方には、どんな傾向があるでしょうか。

あなたの学び方は、特定の疑問詞に偏ってしまっていないでしょうか。

自分にとって馴染みのあるわかり方ばかりでインプットやアウトプットをしていたのでは、誰が聞いてもわかりやすい説明を量産することはできません。

かといって、5個も6個もわかり方の切り口を用意しろと言っているわけではなくて、たった3つ、つねに「Ｗｈａｔ？」「Ｗｈｙ？」「Ｈｏｗ？」を解消するようインプットしていけばよいのです。

それをそのままアウトプットとして説明していけば、目の前にどのわかり方に偏った人が現れても、「わかった」というポイントをつくっていける。

というより、3つの疑問詞を解消するように説明すれば、どのわかり方の人であっても、「網羅的に説明してもらえた」という感覚が生まれ、「これでもう十分にわかりました」と言ってくれる。

実際に体験してもらえば、その呆気なさに驚くはずです。

ぜひ、次章で手渡す「1枚」の型を使って、あなたも体感してください。

最後に、この章の内容を20字に凝縮して、締めくくっておきます。

学習とは、3つの疑問詞を解消する思考整理

アウトプット型学習の本質は、これでもうつかめたはずです。

お互いの認識が無事に揃ったという前提で、いよいよ実践に移りましょう。

第4章

その他大勢から抜け出す「3Q」アウトプット学習法とは？

3つの疑問に答えられればすぐに説明できる

お待たせしました。「1シート・ラーニング・システム」の「中伝」にあたる、**「3Q」アウトプット学習法**の「1枚」フレームワークを紹介していきます。

「3Q」とは、第3章で示した3つの「Question＝疑問」のことです。

詳しく説明する前に、まずは、Part1との接続を確認しておきます。

「初伝」で学んだ「20字」インプット学習法を通じて、あなたの頭の中には、大量の「要するに」「煎じ詰めると」「ヒトコトで言うと」の後に続くフレーズが、蓄積されていくことになります。

ただ、それを周囲にアウトプットして説明する際、単に「20字まとめ」だけを話しても、「わかった」となってくれるケースは少ないでしょう。

とはいえ、では「20字まとめ」にはアウトプット上の価値がないのかというと、そんなことは決してありません。

まずはズバッと、本質を突いたまとめを端的に示す。「初伝」でそれができるようになったという前提で、さらに必要な説明を付け足していけばよいのです。

第3章では「3つの疑問を解消するような説明」ができればOKとしました。これを、「1枚」の紙に書き出すという動作レベルでフレームワーク化したのが、これから紹介する「3Q」アウトプット学習法の型になります。

具体的には、次ページ図4－1のような枠組みを、紙に書き出していくイメージです。

「3Q」アウトプット学習法の最大のポイントは、「1P?」（1フレーズ）の周辺に配置した3つの質問文です。そこで、「3Q＝3つのQuestionを解消する」の意味を込めて、「3Q」アウトプット学習法としました。

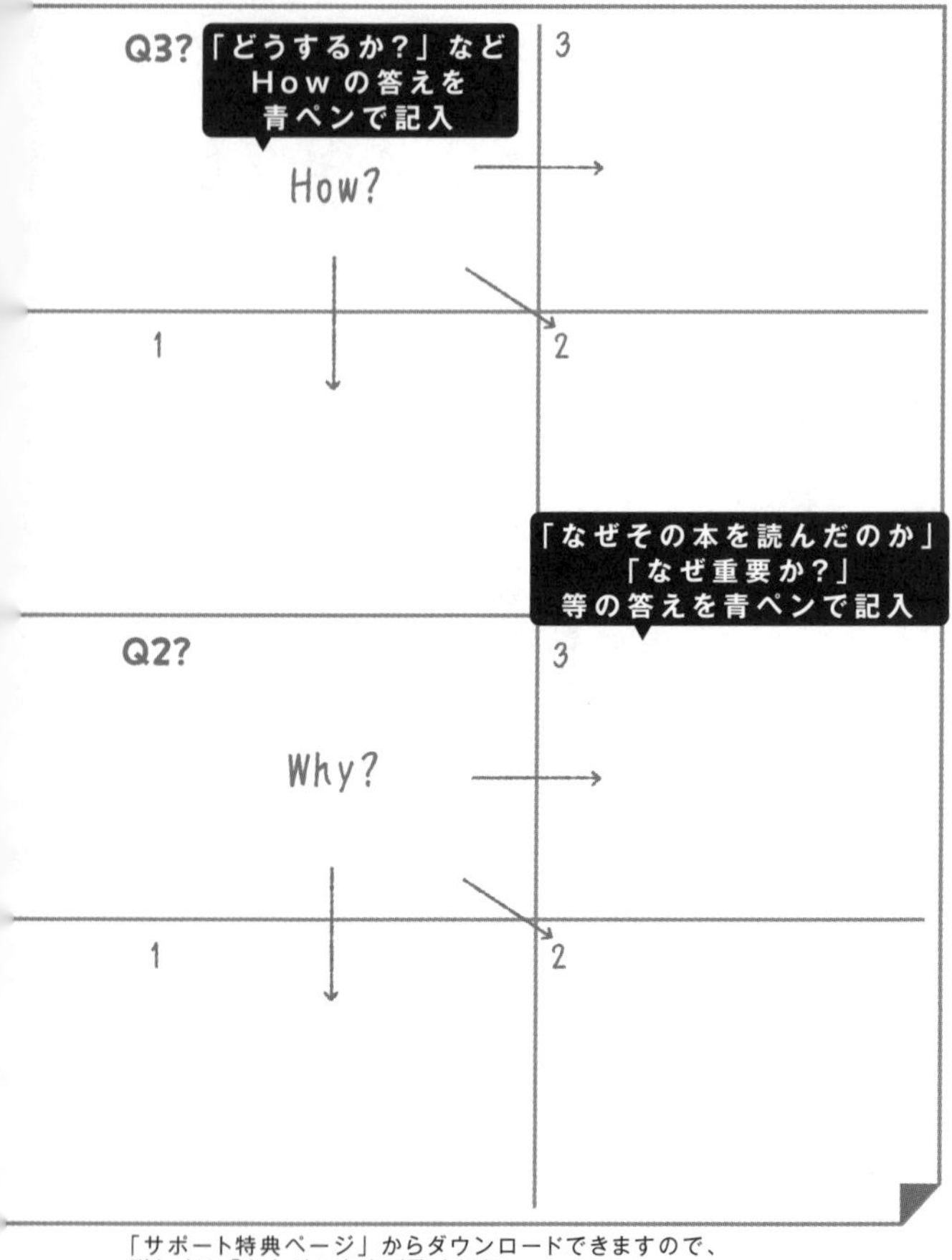

「サポート特典ページ」からダウンロードできますので、
詳しくは「おわりに」をご覧ください。

図 4-1　3Qアウトプットのフレームワーク

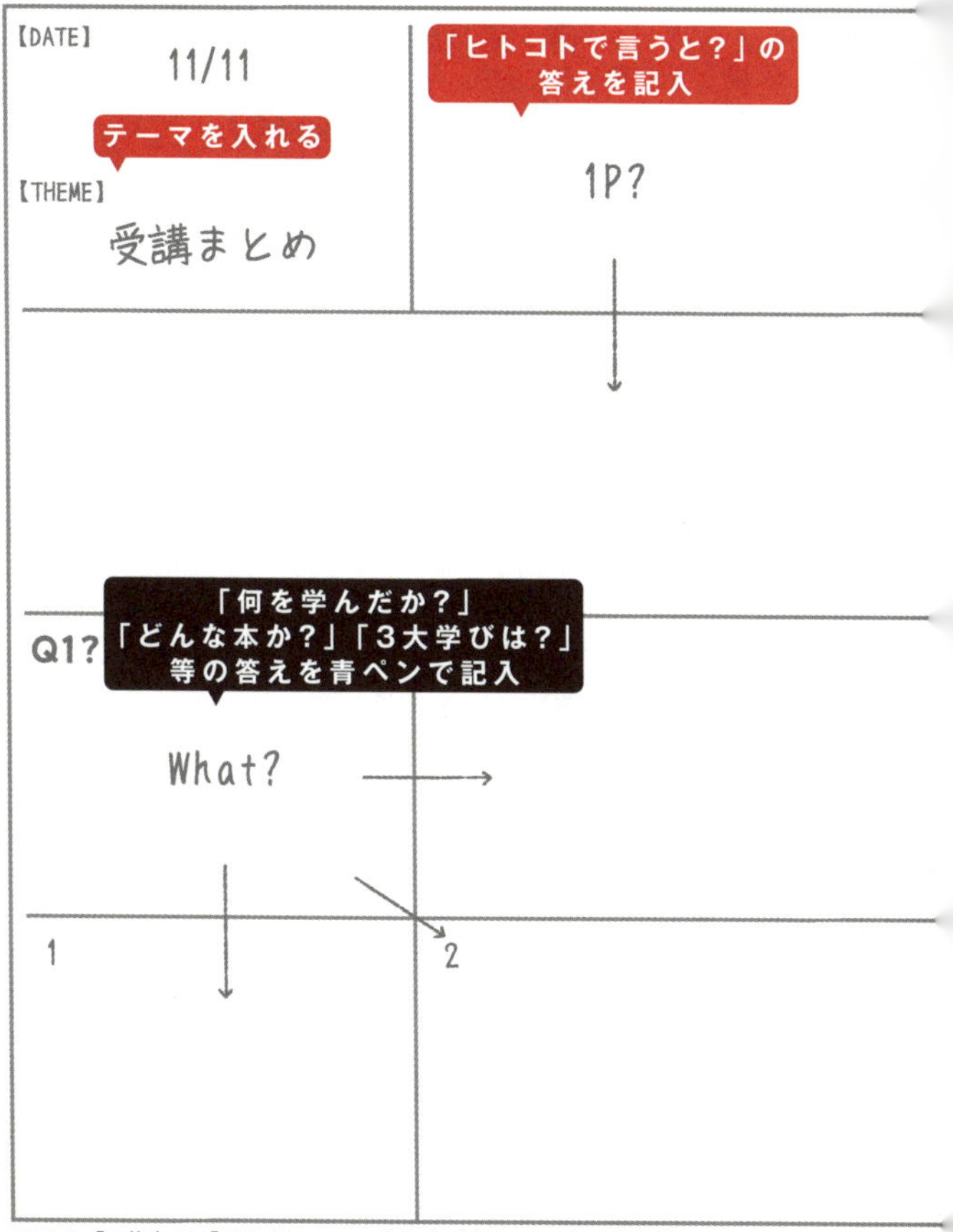

※この「1枚」の「記入フォーマット」をダウンロードできます。
また、この「1枚」の書き方を解説した動画もご用意しています。

「Q1?」「Q2?」「Q3?」の各フレームには、「What?」「Why?」「How?」を網羅するような問いが入ります。

左ページ図4-2は、私の4冊目の著作である『一超訳より超実践一「紙1枚!」松下幸之助』（PHP研究所）に準拠したワークショップに参加した受講者の方が、学習後につくった「3Q」アウトプットの「1枚」フレームワークです。「初伝」の際は書籍の事例を中心に紹介してきましたが、このように本ではなくセミナーや講演会といった「人の話から学ぶ」という文脈でも、「1シート・ラーニング・システム」はパワフルに活用できます。

さて、こんな風に「1日」のセミナー内容を「1枚」にまとめることができると、どんな説明が可能になるのか。

以下は、受講者の方がこの「1枚」を使って、ワークショップ後に職場で報告をした場面での説明内容です。

図 4-2　セミナーの受講まとめ

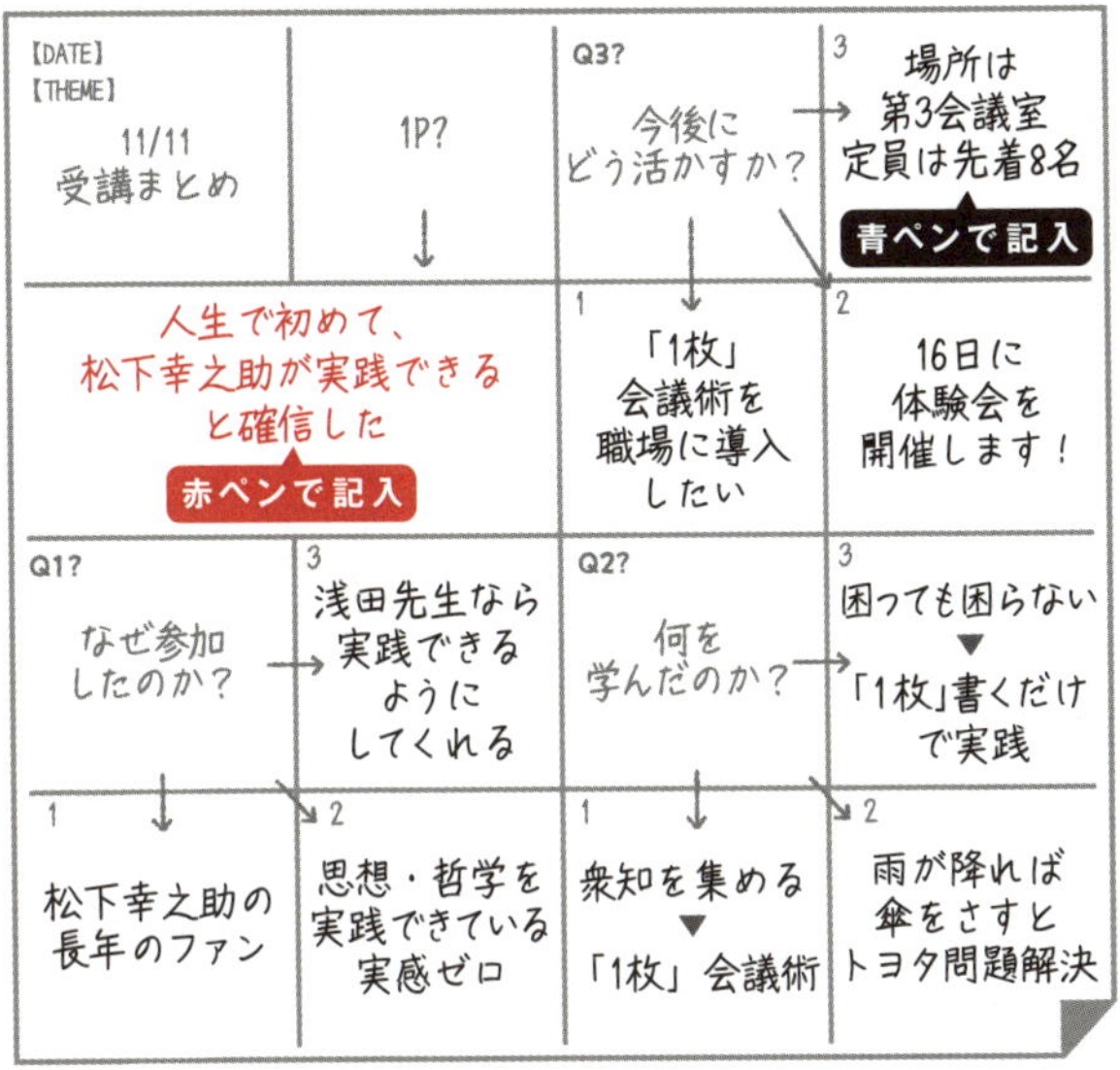
【DATE】
【THEME】
11/11
受講まとめ
1P?
Q3?
今後に
どう活かすか?
3
場所は
第3会議室
定員は先着8名
青ペンで記入
人生で初めて、
松下幸之助が実践できる
と確信した
赤ペンで記入
1
「1枚」
会議術を
職場に導入
したい
2
16日に
体験会を
開催します!
Q1?
なぜ参加
したのか?
3
浅田先生なら
実践できる
ように
してくれる
Q2?
何を
学んだのか?
3
困っても困らない
▼
「1枚」書くだけ
で実践
1
松下幸之助の
長年のファン
2
思想・哲学を
実践できている
実感ゼロ
1
衆知を集める
▼
「1枚」会議術
2
雨が降れば
傘をさすと
トヨタ問題解決

浅田すぐる先生の、『「紙1枚!」松下幸之助』という書籍に準拠したセミナーに参加してきましたので、その内容を報告させていただきます。

まず、一番の感想をヒトコトで言ってしまいます。

このセミナー受講を通じて、私は人生ではじめて、「松下幸之助の名言が実践できた!という手応え」をつかむことができました。

そもそも、このセミナーを受講した理由は、3つあります。

1つめは、私自身が松下幸之助の大ファンで、その著書の長年の愛読者でした。にもかかわらず、その思想や哲学を仕事で実践できているかというと、そんな実感はまったくありませんでした。これをなんとかしたかったというのが、2つめの理由になります。

最後に、実践的なビジネススキルの教授に定評のある浅田先生なら、この悩みを解決してくれるのではと思ったからです。

次に、具体的に何を学んだのかについてですが、大きく3点に絞りました。

1つめは、「衆知を集める」。この名言を、「1枚」会議術という独自の手法で実践するやり方について、ワークをしながら教えてもらいました。

2つめは、「雨が降れば傘をさす」。これも松下幸之助の有名な言葉ですが、これをトヨタの問題解決手法との比較で解説してもらい、目からウロコの気づきを得ることができました。

3つめは、「困っても困らない」。この名言は要するにポジティブ思考の重要性を語っているのですが、ではどうやってポジティブ思考を実践するのか。

これも、「紙1枚」書くだけという信じられないほどシンプルなやり方で、動作化してもらいました。

最後に、今回の学びを今後の仕事にどう活かしていくのかについて、まとめます。

職場へのフィードバックという観点では、「1枚」会議術の導入を今後推進していきたいと考えています。具体的には、来週、16日に「1枚」会議術の体験会を開催します。場所は第3会議室で、定員は最大8名までの先着順です。

一度体験すれば誰でも再現可能なので、スケジュールを調整してぜひ参加してください。

以上で、報告を終わります。

さて、読んでみていかがだったでしょうか。

こういう報連相が当たり前のようにできるビジネスパーソンのことを、「説明がわかりやすい人」「優秀な人」「仕事ができる人」と言うのではないでしょうか。

第3章で解説した通り、こういったレベルの説明を職場で日々やり続けていれば、周囲の評価がどんどん上がっていくはずです。


説明力とは、あなたの求心力を強化する原動力

こんなアウトプット力を、あなたも手にしたいと思いませんか？

01 3つの疑問文をつくる

それでは、フレームの詳細説明に入っていきたいと思います。

ここではセミナー受講の例で考えてみましょう。

まず確認してほしい点は、「Q1?」「Q2?」「Q3?」のところに「緑ペン」で書いた3つの質問文です。

・Q1：なぜ参加したのか？
・Q2：何を学んだのか？
・Q3：今後にどう活かすか？

この質問文は、適当にあてがったものではありません。
対応関係を明記すると、以下の通りです。

・Q1：なぜ参加したのか？ ↓ Why？
・Q2：何を学んだのか？ ↓ What？
・Q3：今後にどう活かすか？ ↓ How？

順番こそ、「Ｗｈａｔ？」「Ｗｈｙ？」「Ｈｏｗ？」ではなく、「Ｗｈｙ？」「Ｗｈａｔ？」「Ｈｏｗ？」となっていますが、これで3つの疑問詞が網羅できているということはわかってもらえたと思います。

このように、疑問詞の順序は、入れ替わりがあってもＯＫです。

むしろ、色々な順番で組み合わせてみて、どれがベストか検討してみてください。やればやるほど、この3つの疑問詞への親近感を高めていくことができます。

とにかくポイントは、「Ｗｈａｔ？」「Ｗｈｙ？」「Ｈｏｗ？」の3つの疑問を解消するように思考整理すること。

こう定義してしまえば、アウトプット学習とは、要するにこの「1枚」を書いて、磨いて、極めればよいということになります。実際、この3つがクリアになれば、「説明できるレベルのまとめ」としては十分なのではないでしょうか。

また、各問いの答えを埋める枠も、「3つずつ」にしてあります。

1つの問いについて、5個10個とたくさんキーワードを出して説明されても、相手は受けとりきれません。全体としての理解も見失ってしまうでしょう。

だからこそ、「あえて3つに絞るとしたら」という制約を、問い自体に、そして問いの答えにもかけていく。

すべては、あなたの「説明力＝アウトプット力に直結する思考整理力」を磨くための仕掛けであり、この辺りの「制約」で縛る世界観は「初伝」の時とまったく同じです。

02 問いの答えを埋める

「What?」「Why?」「How?」を網羅する問いが確定したら、問いの答えを埋めるプロセスに入ります。

「20字学習法」と同様、「1P?」は「赤ペン」で、一方、各問いへの答えは「青ペン」で記入するようにしてください。

さて、実際にどうやって記入していくかですが、セミナーを受ける場合なら、受

図 4-3　目的を書く

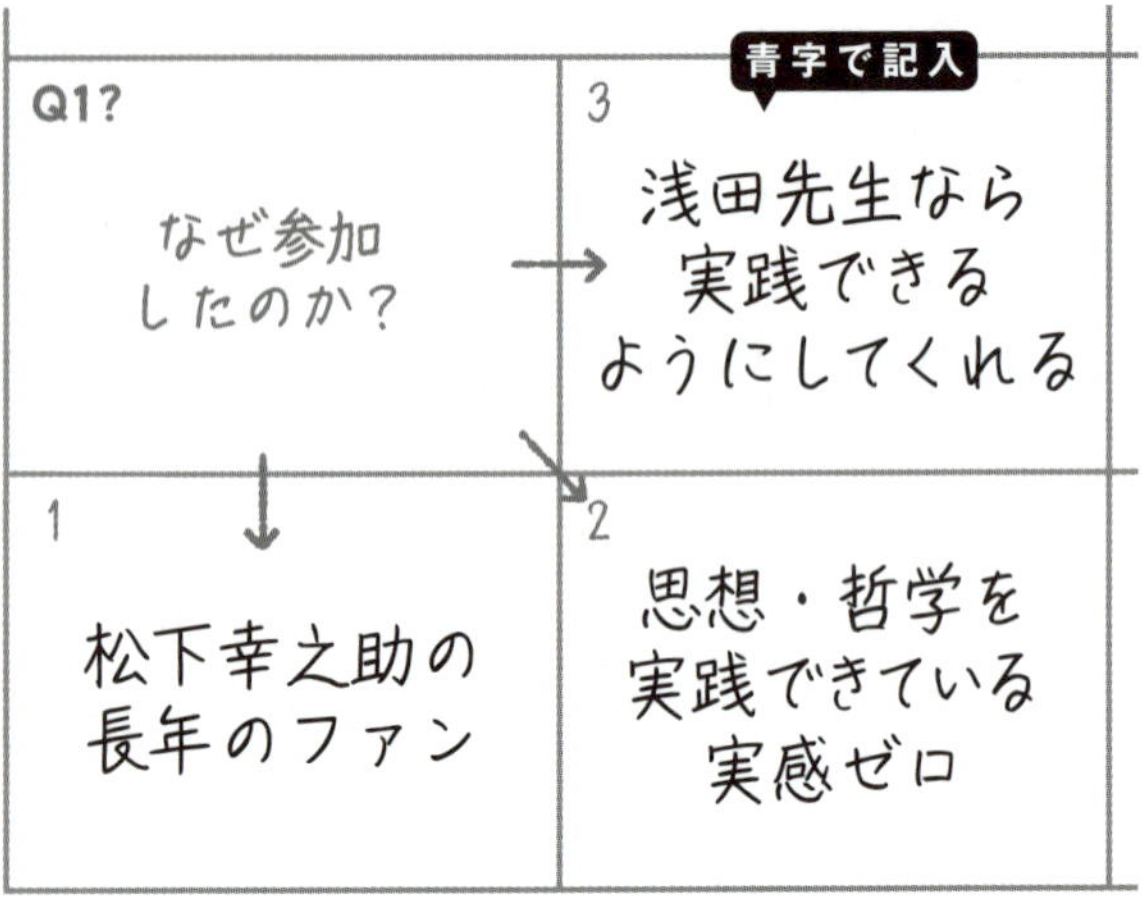
青字で記入
Q1?
なぜ参加したのか？
3
浅田先生なら実践できるようにしてくれる
1
松下幸之助の長年のファン
2
思想・哲学を実践できている実感ゼロ

講前に「なぜ参加したのか？」を埋めてしまいましょう。図4－3のように、先に「Q1?」を埋めてしまうのです。

「なぜ目的を明確にするのか」については、「初伝」でその理由を力説したので、これ以上の解説は不要でしょう。

「Q1?」が確定したら、セミナーを受講します。

その際、受講時のメモのとり方は、2つのパターンのいずれかにしてください。

1つめは、シンプルにノートにメモをとる方法。

ノートのとり方は従来通りでもかまいませんので、受講後、「3Q」アウトプットの残りのフレームの記入を再開するようにしてください。

一方、もう1つの受講スタイルは、「初伝」との組み合わせです。

すなわち、

「20字」インプット学習法のフレームワークを埋めながら受講

するという学び方になります。

「3Q」アウトプットの型とは別に、もう1枚、「20字」インプット学習法の「1枚」フレームワークを、メモ用に用意しておくのです。

ただ、このケースの場合、「P?」は空欄のままで問題ありません。

あえて書くなら、〝「3Q」アウトプットの型を完成させるため〟といった表現になると思いますが、これは別に書かなくても自明なことです。

「3Q」アウトプットの型を作成した時点で、すでに「目的の明確化」は完了して

図4-4　「3Q」アウトプットの型に記入する

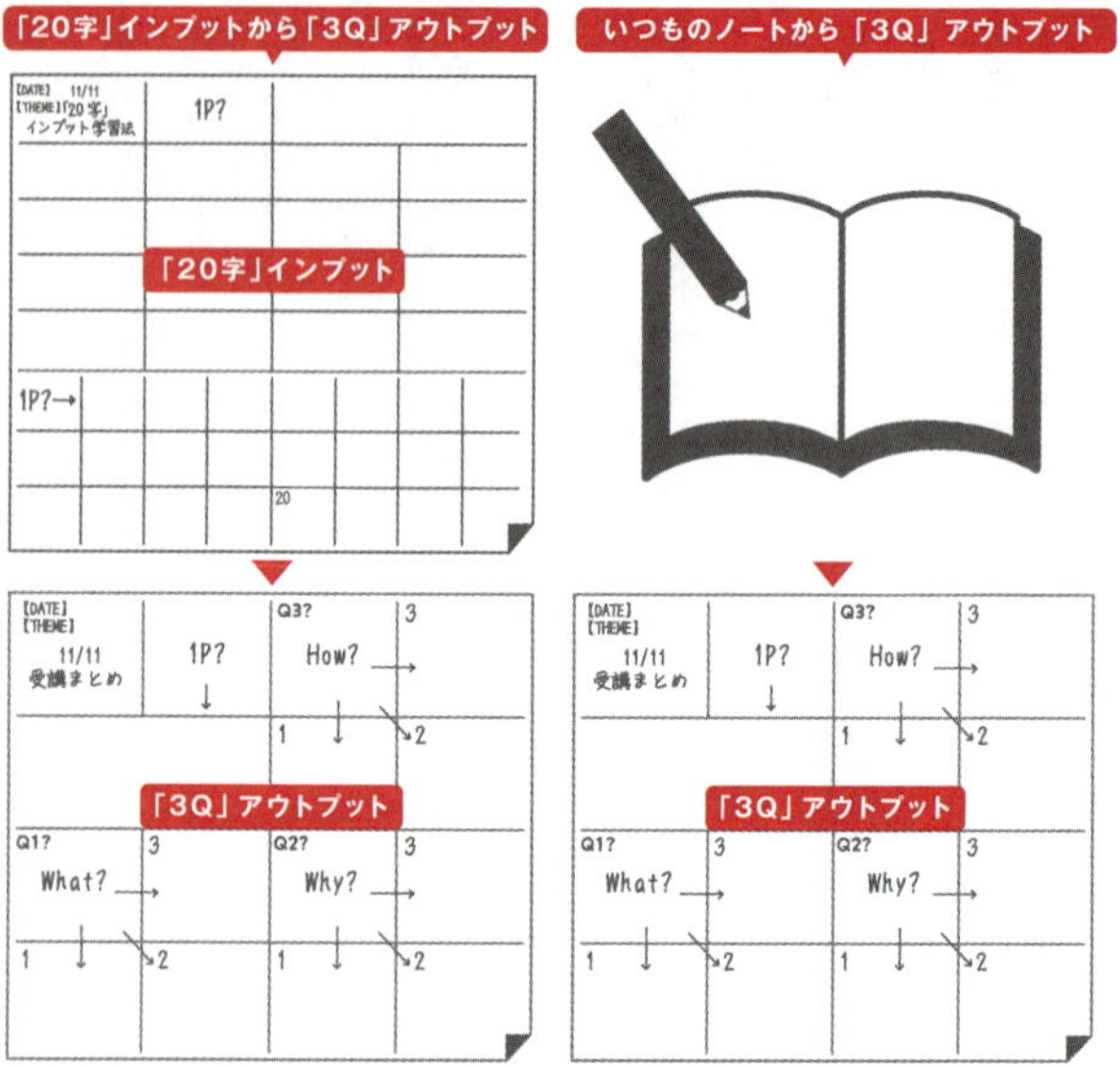

いますので、ここは空欄のままでかまいません。

こうした事前準備をしたうえで、講義を聴きましょう。

そして、講師が目的達成に役立ちそうなキーワードを話したら、メモ用に作成した「20字」インプットの中段部分に、「青ペン」で埋めていけばOKです。

このプロセスにおける最大のポイントは、「講師が強調しているかどうかよりも、目的達成に役立つかどうかを優先する」ということ。

目的達成ができなければ、受講した意味がありません。

投資した金額も、時間も、エネルギーも無駄になってしまいます。

だからこそ、目的達成に関係ない話をピックアップする必要はないですし、そういう受講の仕方だからこそ、16個程度のスペースに収めることもできるわけです。

こうした学び方は、慣れるまでに少し時間がかかると思います。

色々なセミナーを受講し、そのたびにトレーニングを積んでいってください。

03 20字インプットを完成させる

セミナーが終わったら、「20字」インプットの型を、まずは完成させてしまいましょう。「赤ペン」を出して、「1P?」欄に埋められる分量を目指して、考えをまとめていきます。そして、無事に20字程度に収まったら、その内容を今度は、「3

Q」アウトプットのフレームワークにある「1P?・」欄に記入してしまうのです。

その際、「20字」インプットの型でつくった表現をさらに推敲し、より端的にしたものを書いてもらってもOKです。

また、「20字」インプットの型でつくったメモがあれば、「1P?・」だけでなく、「Q2?・:何を学んだのか?・」も、すぐに埋めることができると思います。

同様の要領で「Q3?・:今後にどう活かすか?・」まで記入したら完了です。

作成時間としては、5分から10分程度を目安にしてください。

これで、

・一言で言うと何か?
・なぜそれを学んだのか?
・何を学んだか?
・今後どうするのか?

図4-5 「20字インプット」をもとに「3Qシート」を書く

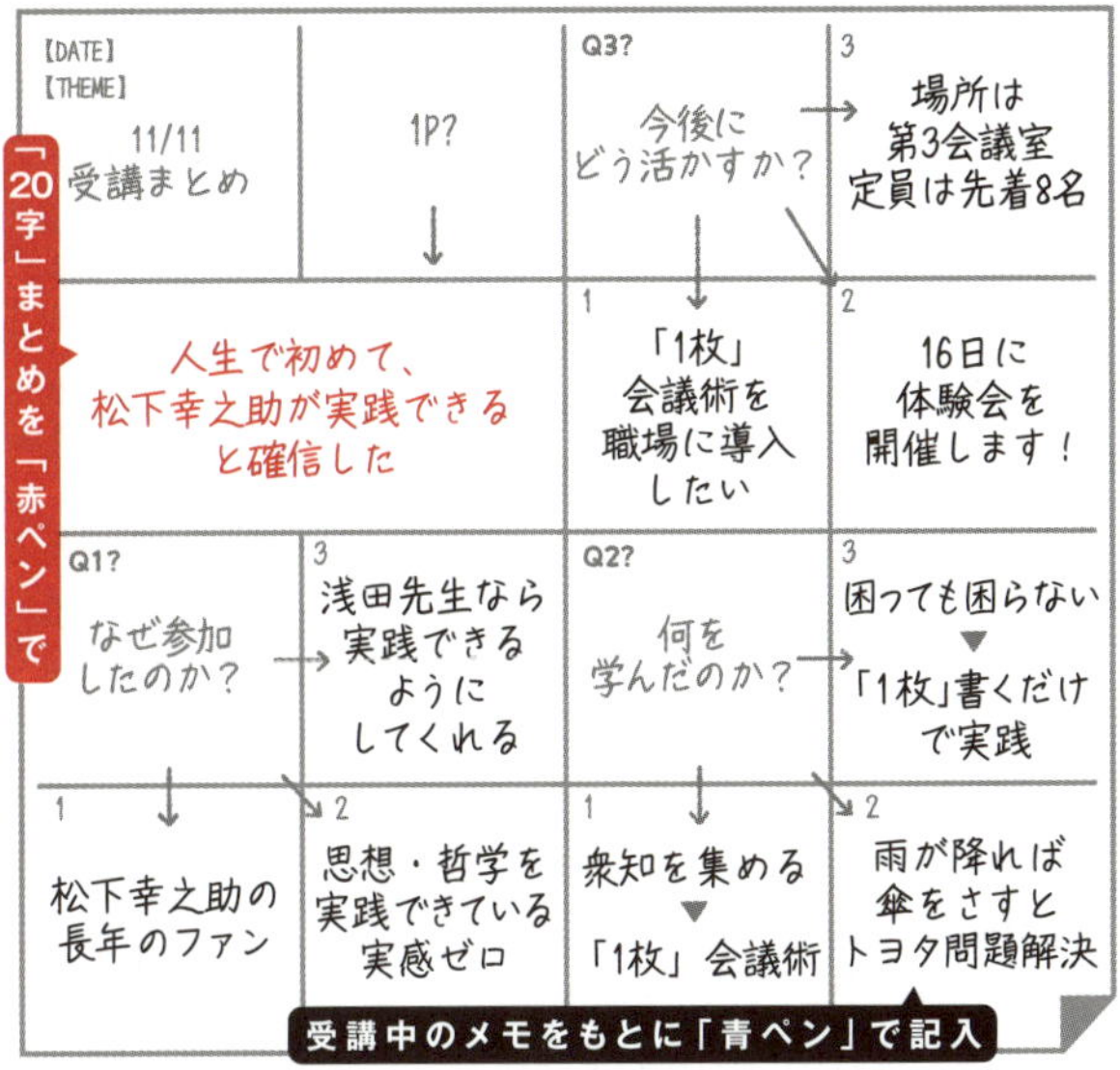

などについて、誰にでもわかりやすい形でまとめることができました。すなわち、これで「わかりやすく説明できるレベル」の学習が、たった「紙1枚」書くだけで実践できたことになります。

ここまで読んでみていかがだったでしょうか。

実践時のおススメは、「20字インプット学習法」との組み合わせスタイルのほうです。

ただ、ハードルの高さを感じる場合は、前述の通り、従来のノートテイキングでもかまいません。

とにかく、少しでもできそうだというイメージが湧いたカタチで、自分なりにさっそく試してほしいと思います。

POINT

記入の注意点

記入時のポイントをあと3つ解説しておきます。

最初のポイントは、「1P？」の記入は、最初でも最後でもどちらでもOKという点です。

先ほどの例では、「1P？」が確定した状態からスタートしました。

逆に、3つの疑問に答えていく中で、最終的に「1P？」が見えてくるというケースも、テーマによってはありうるでしょう。

加えて、事例でも解説したように、「なぜ受講した？　なぜ読んだ？　なぜ購入した？」といった「Ｗｈｙ？」、すなわち目的の部分を最初に埋めておくような場面が、今後の実践の中でたくさん出てくると思います。

ただ、これについても、「本を読んでいたら、次第に目的が明確になってきた」なんてことが、実際にはいくらでもあるはずです。

リアルなシチュエーションでは様々なケースが想定されますので、事例で示したような記入の順番や流れには、あまり固執しないでください。

「経緯はどうあれ、とにかく最終的に一通り埋められたらＯＫ」というぐらいの認識のほうが、実践しやすくなると思います。

２つめのポイントは、「行き詰まったら、他のフレームワークと組み合わせてリカバリーする」です。

たとえば、「Ｗｈａｔ？」「Ｗｈｙ？」はすんなり埋められたものの、「Ｈｏｗ？」

はさっぱりだということが、今後の実践の中では起こりえます。

そんな時は、左ページ図4－6のような「1枚」フレームワークを「緑ペン」で作成し、リカバリー手段として使ってほしいのです。

この実例でいえば、「今後にどう活かす？」というテーマで書くことになります。

そして、「青ペン」で書き出したキーワードの中から、実際に行動に移せそうなものを「赤ペン」でピックアップして囲っていってください。

ある程度考えがまとまってきたら、「3Q」アウトプットの「Q3？」部分の記入に再度チャレンジしてみます。無事に記入ができたら、リカバリー完了です。

なお、図4－6の「1枚」フレームワークは、私が今までの書籍で繰り返し紹介してきたすべての「1枚」の型の原型となるものです（以前の本を読んでくださった方はご存じかと思いますが「エクセル1」と呼称しています）。

「エクセル1」は思いついたことをどんどん書いていくだけなので「20字」インプット学習法のフレームワークより、制約はゆるくなります。その結果、気軽に書

図4-6 「エクセル1」でリカバリー

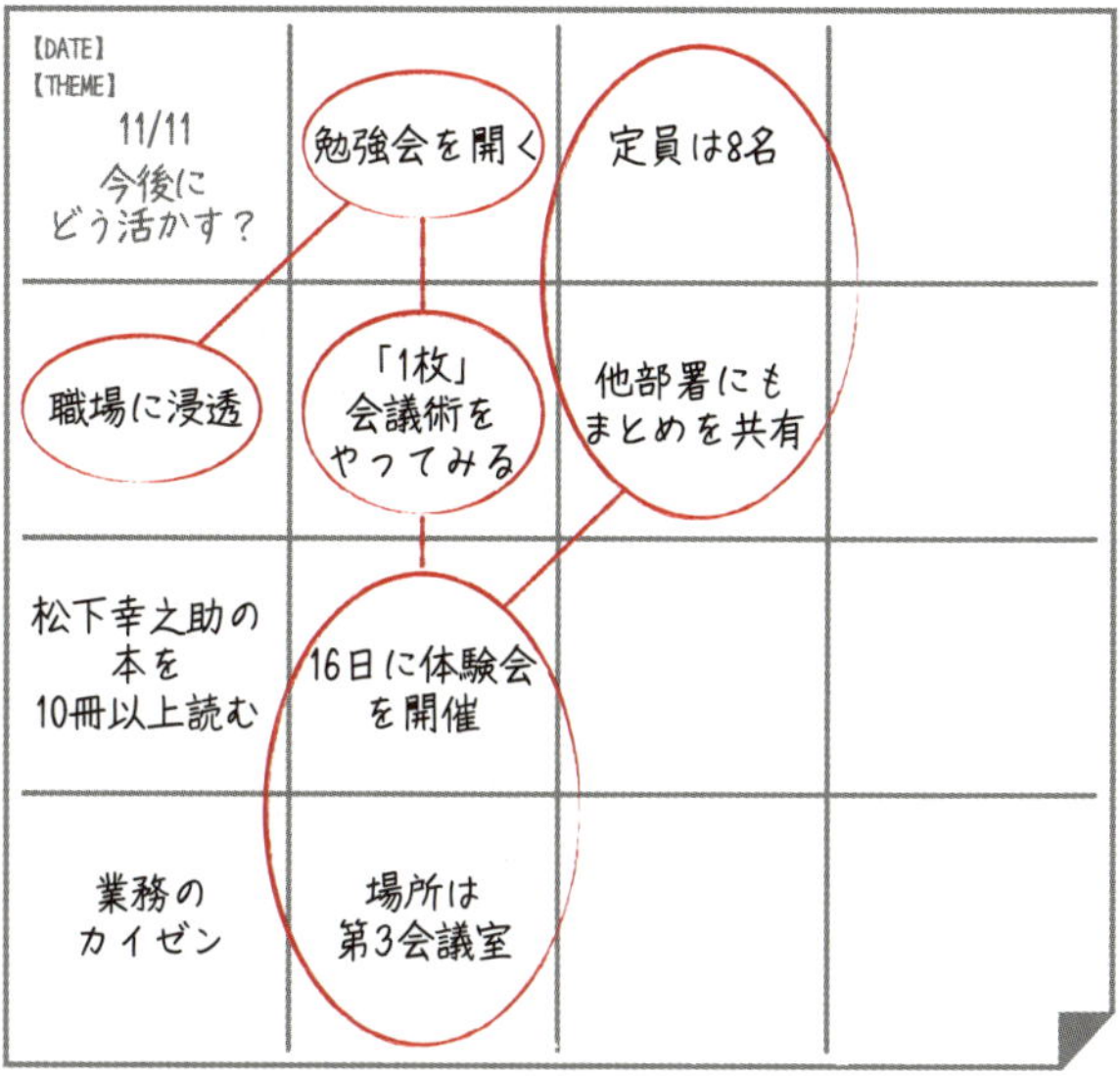

ける分、使い勝手がよいと感じる人も多いはずです。

なので、たとえばセミナーの受講メモとして、「20字」インプットの型ではなく、この「エクセル1」を使ってもらってもかまいません。

さて、最後のポイントは、「フレーム記入を絶対視しない」。

言い換えると、「手段の目的化」に陥らないように、という点です。

これは「青ペン」で各問いの答えを埋めていく際、「どうしても3つ埋めないとダメですか?」という質問をしてくる人に起きている症状になります。

もちろん、3つの空白すべてがキレイに埋まっていると美しいのですが、この枠組みにしている理由は「4つ以上になると、わかりやすさの面でデメリットが大きくなってしまうから」でした。

言い方を変えると、「3つ以内」なら、別に1つでも2つでもかまわないということです。ここを見失って、原理主義的に、あるいは正解思考的に、「3つ埋められなかったからダメだ」といった感想を抱く人が時々いるため、注意喚起しておきました。

無理して3つとも埋めた結果、かえって説明がわかりにくくなるくらいなら、少ない数のままのほうがいいです。

そういう感覚で、多少埋められないフレームがあっても気にすることなく、この型にチャレンジしてください。

CASE 2

分厚い本の内容も行動につなげる

2つめの実例紹介に移ります。

今回は「本から学びを得る」という文脈に戻して、以前、ビジネス書大賞を受賞した三谷宏治さんの『経営戦略全史』（ディスカヴァー・トゥエンティワン）を扱います。

同書はタイトル通り「経営戦略の歴史」をテーマにしていますから、目的としては、「経営戦略の本質とは何か？」といった問いを立てて読むことになります。

「初伝」で紹介した実例のベースになる学習として、私がこうした本をたくさん読んでいたというのが、背景にはあります。

ただ、この本を事例として紹介しようと思ったのには他にも理由があって、全部で432ページもあるからです。

通常、こういったページ数の本を読むと、多くの方が「最後まで読む」こと自体を目的にしてしまい、肝心の「で、内容は？」という部分がすっぽり抜け落ちてしまいます。ページ数の多い本は、アウトプット型学習を、読者に忘れさせてしまうのです。

あなたにも、少なからず心当たりがあるのではないでしょうか。

近年のベストセラーでいうと、たとえば『サピエンス全史』（河出書房新社）が上下巻合わせて500ページ超、また、かつて社会現象になったトマ・ピケティの『21世紀の資本』（みすず書房）に至っては、700ページ以上あります。

もし、あなたがこうしたベストセラーの大著を読んでいたのだとしたら、あるいは読んでいないという人も想定で考えてみてほしいのですが、その内容について、「紙1枚」レベルで説明できますか？

できないとしたら、その学びをあなたは日々の仕事に活かせているでしょうか。
こうやって質問を重ねていくと、おそらく大半の読者が「いやもうお手上げです」という状態になってしまうと思います。

せっかく長時間かけて読むわけですから、「消費」ではなく「投資」的な読書となるよう、「3Q」アウトプット学習法の型をフル活用していきましょう。

まとめ方の手順

161ページの図4-7のような「3Q」アウトプットの型をどうやって作成していったのか。

基本的な作成方法は、最初の事例と同じです。

まずは読書前に、「Q1？：なぜ読んだのか？」を埋めておきます。

ここでは、「経営戦略の本質をつかむため」「自社の戦略立案に活かすため」「立案が苦手な人をサポートするため」という3つを書いておきました。

前項で補足しておいた通り、無理して3つ書く必要はありません。

1つでもまったく問題ありませんので、できる範囲で埋めてみてください。

目的の明確化が終わったら、通常通り本を読んでいきます。

ここも、最初の事例と基本的なプロセスは同じです。

ただ、本の場合はセミナー受講と違って、「20字」インプットの型を用意し、そこにメモをとりながら読むというのは、ハードルが高いと思います。

したがって読書のケースでは、一通り本を読んだ後に、「20字」インプットの型を作成して「1P？」をまとめていくほうが、より現実的なはずです。

図4-7　400ページ超の大著も1枚に

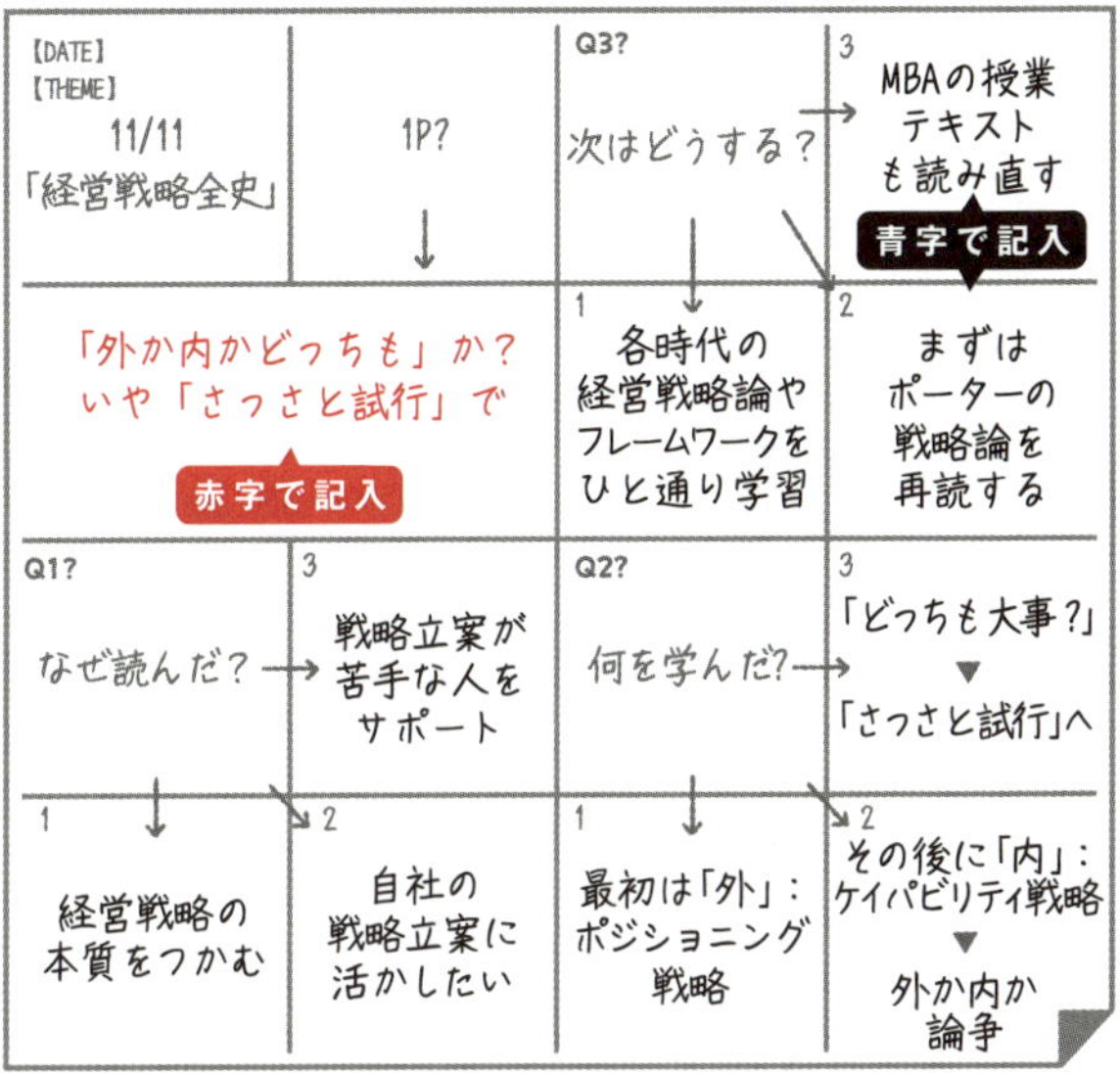
【DATE】
【THEME】
11/11
「経営戦略全史」
1P?
Q3?
次はどうする？
3
MBAの授業テキストも読み直す
青字で記入
1
各時代の経営戦略論やフレームワークをひと通り学習
2
まずはポーターの戦略論を再読する
「外か内かどっちも」か？
いや「さっさと試行」で
赤字で記入
Q1?
なぜ読んだ？
3
戦略立案が苦手な人をサポート
Q2?
何を学んだ？
3
「どっちも大事？」
「さっさと試行」へ
1
経営戦略の本質をつかむ
2
自社の戦略立案に活かしたい
1
最初は「外」：ポジショニング戦略
2
その後に「内」：ケイパビリティ戦略
外か内か論争

また、『経営戦略全史』は非常に読みやすい本ではあるのですが、それでも大著。何日もかけて読むという読者が多くなると思います。

そこで、毎回本を開く前に、必ず「3Q」アウトプットの目的部分を確認してから、読書を再開するようにしてください。間隔が空けば空くほど、当初は明確だった目的も、次第に曖昧なものになってしまいます。

さて、一通り読み終わり、「20字」インプットの型で「1P?」の作成が完了したら、そのフレーズを今度は「3Q」アウトプットの型の「1P?」に転記してください。

つづけて、「Q2?：何を学んだ?」も埋めていきましょう。もし埋めづらければ、「エクセル1」でいったん考えを書き出してから、まとめてもらえばOKです。

「Q2?」が埋まったら、「Q3?：どう活かす?」も埋めていきましょう。

埋められない時のリカバリー手段は「Q2?」の時と同じです。

ただ、「どう活かす?」に関しては追加であと2点、解説ポイントがあります。

・「Q1?」で設定した目的達成に寄与する内容になっているか?

・実際に行動に移せる「動作」レベルになっているか?

すべては「目的達成」のためにやっていることです。

にもかかわらず、「Q1?」の内容とまったく関係のない「今後にどう活かす?」

を書いてしまう人が、意外とたくさんいます。
「Q3?:」まで記入が終わったら、必ず一度、全体を俯瞰するようにしてください。
そうすることで、問い同士の連携に不備がないか気づくことができます。

「読んでおしまい」の読書にしないために

「Q3?:どう活かす?:」についての2つめのポイントである、

・実際に行動に移せる「動作」レベルになっているか?

は、この後の「奥伝」でも重要な認識になってきますので、ここでしっかり解説をしておきたいと思います。

気づけば、ビジネス書を書き始めて10年になりました。

この10年間、「作家として活動をしながら、驚いたことを1つあげてください」と言われたら、私はこう答えるでしょう。

「読んでおしまい」という読者が多すぎる

小説ならまだしも、ビジネス書というのは、仕事で使ってみてはじめて、価値が生じるものなのではないでしょうか。

にもかかわらず、「学ぶ＝本を読む」で終わっているビジネスパーソンが非常に多く、せっかく有用なスキルを提供しても、何もせずに満足してしまっている。

そんな残念な場面に、何度も遭遇してきました。

これでは、せっかくインプットした知識を役立てることができません。

これを読んでいる皆さんは「読んで満足」という価値観から、ぜひ「行動して満足」「身につけて満足」という価値観にアップデートしていただけたらと思います。

ほとんどの本は「動作」にならない文章になっている

今度は、本やセミナー講師などの知識を伝える側を考えてみましょう。

実は、ほとんどの本は「行動」に移せる書き方になっていません。

試しに、書店のビジネス書コーナーに足を運び、いくつか本を立ち読みしてみてください。

・目的を意識する
・お客様目線で考える
・組織に浸透させる
・当事者意識を発揮する
・責任をとる

・徹底的に考え抜く

こうした表現はいずれも、そのまま見聞きしただけでは、何をしたらいいのかが不明瞭な言い回しです。実際、たとえば「徹底的に考え抜くのが大事だ」と言われても、困ってしまうのではないでしょうか。

にもかかわらず、このレベルの表現で終わっているビジネス書や教材、セミナーというのが、残念ながら数多くあります。

はっきりと明言させてください。

こんな言葉で解説されても、行動できないほうが当たり前

したがって、学ぶ側は実践できなくても、落ち込む必要はありません。

むしろ、「行動できない表現で教えている側」に問題があるのです。

行動に移したいなら「動詞」を「動作」に変換する

「学ぶ側」と「教える側」。双方の認識をアップデートするためにも、印象に残りやすい独特な表現で言葉の定義をしておきます。

先述のような「行動できないフレーズ」のことを、私は「動詞」表現という言葉で定義しています。

一方、「行動に移せるレベルのフレーズ」については、「動作」表現という言葉を当てています。

20字にまとめると、キーワードは、

行動したいなら、「動詞を動作に変換」する

具体的には、以下のようなイメージです。

〈動詞〉 〈動作〉
・目的を意識する ↓意識したい目的が書かれた紙を繰り返し見る
・お客様目線で考える ↓お客様が考え・感じていることを100個書き出す
・組織に浸透させる ↓浸透させたいメッセージを毎日唱和する
・当事者意識を発揮する ↓業務の目的や社会的意義を書き出す
・責任をとる ↓失敗に終わった時何をするか、契約書等に明記しておく
・徹底的に考え抜く ↓1行で言えるレベルまで何度も表現を書き直す

個々の仕事の状況や文脈を考慮せずに無理やり1行で「動作化」しているため、実際にはさらに言葉を補ったり、別の表現を選択したりする必要はあると思います。
とはいえ、「動作」レベルとはどういうことなのかというイメージについては、これである程度つかんでもらえたはずです。

「行動に移せるレベルの表現」だからこそ、価値があります。私たちは学者でも小説家でもありません。したがって、学術的に厳密な言い回しも、文学的に凝った表現も不要なのです。

「具体的にどう？」のセルフつっこみで行動につなげる

事例の解説に戻ります。

「Q3？」で書く「How？」の問いは、「どうやって実践するか？」「どう活かすか？」「今後どうするか？」等、アクションを書くケースが大半です。

したがって、「行動に移せる＝動作レベル」になっていることが、決定的に重要なチェックポイントになります。

今回の事例（161ページ）では、「ポーターの本やMBAのテキストを再読する」となっていますので、十分行動に移すことが可能です。

あるいは、1つめの実例（139ページ）であれば、「16日に体験会を開催する」となっていましたので、こちらも動作レベルとしては問題ないでしょう。

一方で、もしこれを「職場への浸透を図る」といった表現で書いてしまった場合は、すかさず自分自身にこう問いかけてほしいのです。

「浸透を図るって、具体的に何をするの？」

こういったセルフつっこみを入れることで、行動に移せるレベルの表現にまで具体化していく。そのうえで、「Q3？」のフレームを埋めていきましょう。

以上、今回の事例では、「行動できるレベルのわかりやすさ」、すなわち「動詞ではなく動作レベルのわかりやすさ」になっているかという、重要なチェックポイントを追加しました。

「動詞の動作化」はＰａｒｔ３：「奥伝」でも重要なキーワードになってきますので、今の段階からしっかり理解と実践を積み重ねていってください。

CASE 3

本の一部でも、「なんとなく」の読書でも「学び」を自分事にする

「3Q」アウトプット学習法、3つめの実例です。

今回は、第1章で話題にしたドラッカーの『経営者の条件』の「第2章：汝の時間を知れ」でやってみたいと思います。

これは「大著を1枚に」とは真逆のケースです。「すべては目的達成につながるか」ですから、1冊の一部分でまとめをつくっても、もちろんOKとなります。

左ページ図4－8を見てください。

書き方のプロセスについては、基本的に今までと同じだと思ってもらって大丈夫です。ただ、リアルな実態を話すと、私はこの本を過去に何度も読んでいるため、

図4-8　ドラッカー『経営者の条件』の第2章をまとめる

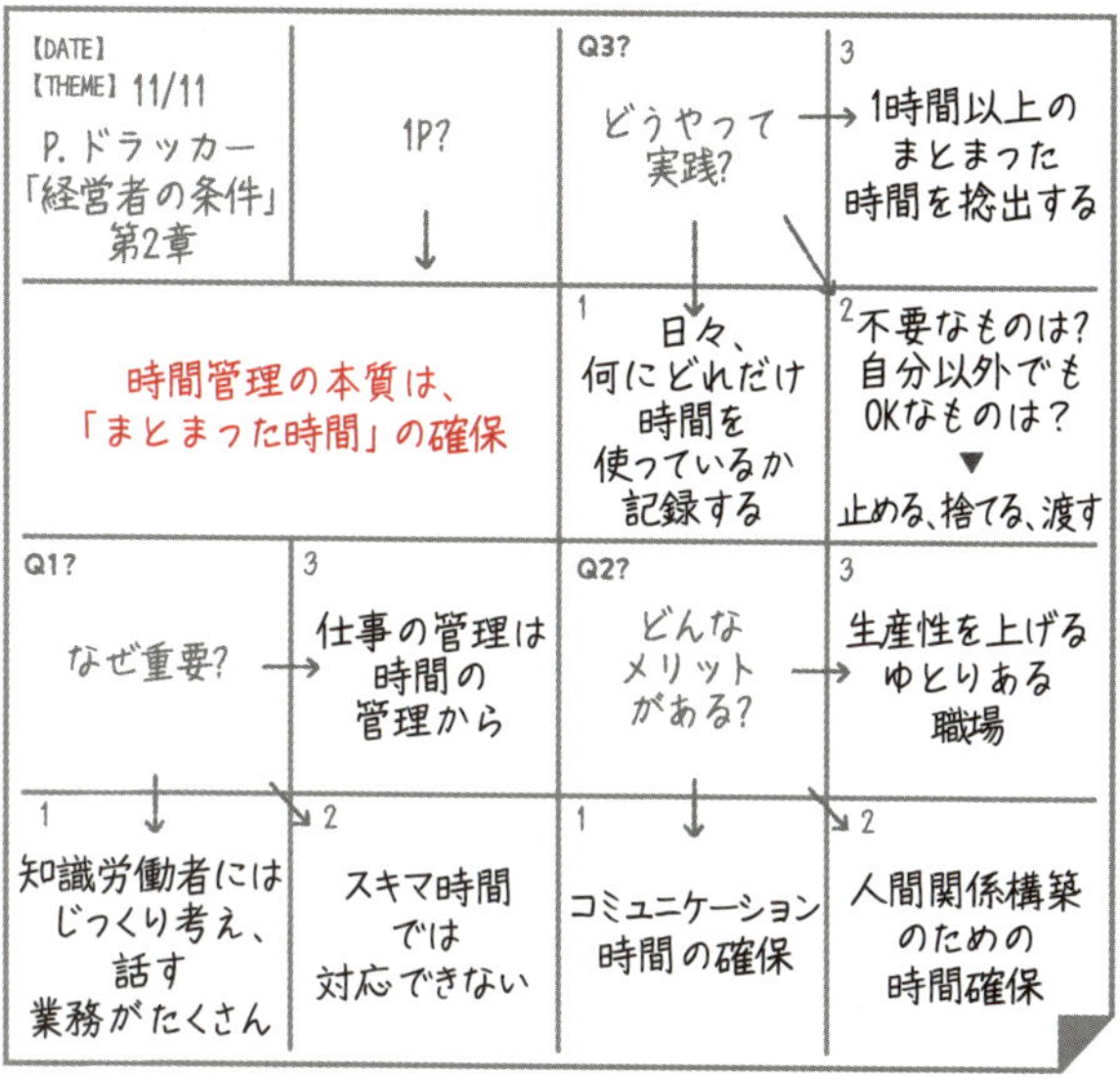

【DATE】【THEME】 11/11 P.ドラッカー「経営者の条件」第2章	1P?　↓	Q3?　どうやって実践?	3　1時間以上のまとまった時間を捻出する
時間管理の本質は、「まとまった時間」の確保		1　日々、何にどれだけ時間を使っているか記録する	2　不要なものは? 自分以外でもOKなものは?　▼　止める、捨てる、渡す
Q1?　なぜ重要?	3　仕事の管理は時間の管理から	Q2?　どんなメリットがある?	3　生産性を上げるゆとりある職場
1　知識労働者にはじっくり考え、話す業務がたくさん	2　スキマ時間では対応できない	1　コミュニケーション時間の確保	2　人間関係構築のための時間確保

すでに内容は頭に入っている状態でした。

したがって、「時間管理の本質について、改めて思考整理をしておきたいな」と思い、この本の第2章だけをまず再読しました。

その後、「時間管理の本質をつかむため」という目的で、「20字」インプットのフレームワークを作成しました。

そして、まとめた「1P？」を使って、今度は図

4－8の「3Q」アウトプットの型を作成していきました。以上が、この「1枚」のリアルな作成過程になります。

最初の事例のように、先に「Q1?」を埋めたわけではないし、本を読みながら「20字」インプットの型にキーワードを埋めていくこともやっていません。

いったい何が言いたいのかというと、実践の際は、これくらい柔軟にやり方を変えてもらっていいのです。

「なんとなく」の読書も、1枚に書くことで言葉にできる

たとえば、2つめの事例（161ページ）について、図4－9のようなまとめ方もありえます。

図4-9　問い方次第でまとめ方が変わる例

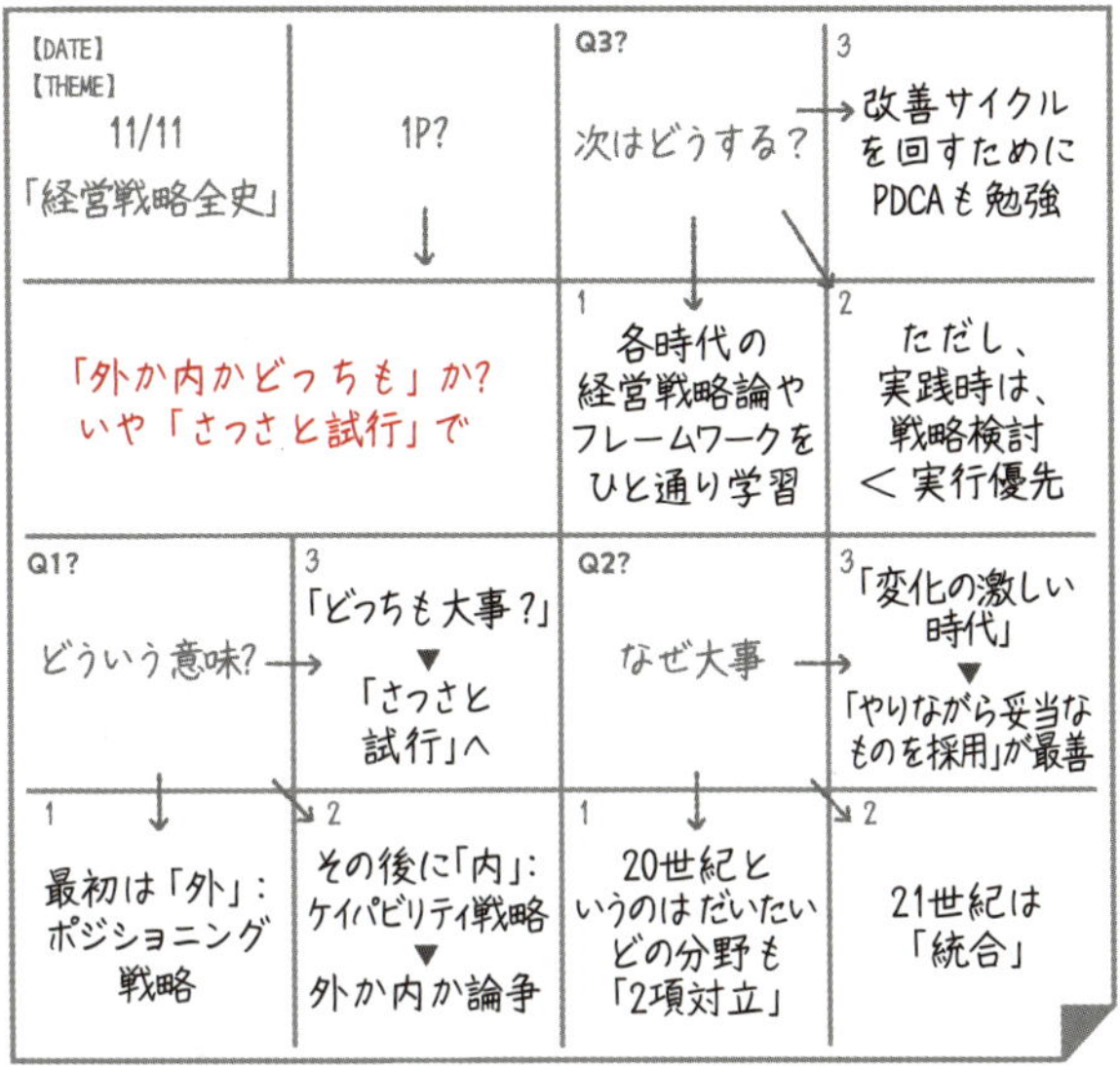
【DATE】
【THEME】
11/11
「経営戦略全史」
1P?
Q3?
次はどうする?
3
改善サイクルを回すためにPDCAも勉強
「外か内かどっちも」か?
いや「さっさと試行」で
1
各時代の経営戦略論やフレームワークをひと通り学習
2
ただし、実践時は、戦略検討＜実行優先
Q1?
どういう意味?
3
「どっちも大事?」
「さっさと試行」へ
Q2?
なぜ大事
3
「変化の激しい時代」
「やりながら妥当なものを採用」が最善
1
最初は「外」：ポジショニング戦略
2
その後に「内」：ケイパビリティ戦略
外か内か論争
1
20世紀というのはだいたいどの分野も「2項対立」
2
21世紀は「統合」

このまとめ方では、「Q1?」が「何を学んだ?」、「Q2?」が「なぜ大事だと感じた?」という並びになっています。

つまり、「Why?」「What?」「How?」ではなく、「What?」「Why?」「How?」で組んだケースです。最初の事例で解説した通り、「3つの疑問詞を網羅」していればOKなので、このようなまとめ方でももちろんかまいません。

これまで、「目的」の重要性を強調し続けていますが、それでも実際には、「なんとなく面白そうだったから」「ベストセラーだから」「会社から課題図書で指定されたから」等々、曖昧だったり、受動的な理由から本を読むというケースは、いくらでも出てくるはずです。

そんな時、「1シート・ラーニング・システム」は使えないのかというとそんなことはありません。

図4-9のように疑問詞を入れ替え、問いの内容を変えてしまえば、十分に作成は可能です。

まとめ方は決して1つではありません。状況に応じて、色々な問いの組み合わせを試してみてください。

アウトプットの例

さて、こうやって作成した「1枚」を携えて、たとえば読書会に参加したとしましょう。そして、次のようなプレゼンをしてみます。


私は、ドラッカーの『経営者の条件』という本を読みました。

この本には仕事の本質がてんこ盛りで載っているのですが、その中でも今回は「時間管理」に絞って読んだので、そのまとめをシェアさせてください。

ドラッカーの説く時間管理の本質をヒトコトで言うと、「まとまった時間をいかにして確保するか」。この1点に尽きます。

なぜ、「まとまった時間の確保」が重要なのかというと、我々のような知識労働者にとっては、「じっくり考え」「じっくり話すこと」が仕事の基本だからです。

そして今「じっくり」と言った通り、こうした働き方にはどうしても時間がかかります。スキマ時間ではとてもカバーできません。

したがって、知識労働者にとっては、「仕事の管理＝時間の管理」というくらいタイムマネジメントは重要であり、その目的は「まとまった時間を確保するため」なのです。

「まとまった時間」が確保できれば、コミュニケーションの時間を十分にとることができます。

人間関係を構築することにも、たくさん時間を割けるようになります。

皆さんは、こうした「ゆとりある職場環境」で働くことができているでしょうか。「まとまった時間」は、生産性を上げるための大事な条件なのです。

最後に、この学びを得て以来、私は仕事で3つのことを実践するようになりました。

まず、この本に書いてある通りに、自分のスケジュールを細かく記録に残していきました。そして、何にどれだけ時間を使っているのかを把握しました。

次に、「不要なものは？」「自分以外の人でも大丈夫なものは？」という問いを立て、該当するものを実際にやめたり、捨てたり、人に渡したりということをしました。

最後に、増えたスキマ時間を集約して、1時間以上のまとまった時間をできるだけ毎日確保できるように、スケジュールを組み直していきました。

数か月に一度これを実践することで、今もゆとりある仕事環境をキープできています。

私も引き続き実践していきますが、同じようにタイムマネジメントで悩んでいる人がもしこの場にいたら、今回の発表が参考になると嬉しいです。

実はこの事例、とある読書会に参加した際、私が実際に行った説明そのものです。

このプレゼンを聞いた人たちは、どんなリアクションをしたと思いますか。

その時は全員が初対面だったのですが、

「今までの発表者の中で最もわかりやすかったです」

「これからプレゼンする人がかわいそうになるくらい、ハードルを上げてしまいましたね」

などと言われ、かなり感激している様子でした。

一回り年上の参加者からは、「キミはいったい何者だ?」とも言われました。


たった数分しゃべっただけで、「一目置かれる存在」になれてしまう。

私の知る限り、読書会に参加するような意識の高いビジネスパーソンであっても、今回の説明レベルで話ができる人は正直あまりいません。

言い方を変えると、「3Q」アウトプット学習法を身につけてしまえば、あっという間に、その他大勢から抜け出せてしまうのです。


説明力をテーマにした書籍が何冊もベストセラーになるような時代ですから、アウトプットに苦手意識を持っているビジネスパーソンは相当数いるのだと思います。

様々な手法があり、最後はあなたが気に入ったものを選択してくださいという言い方しかできないわけですが、少なくとも私は、本書の手法がベストだと考えています。

なにせ、「紙1枚」書くだけです。

シンプルに「型」化されていますし、行動しやすいよう「動作」化もされている。

最大のチェックポイントは、「再現性」が高いかどうか。

ぜひ、他のスキルと「1シート・ラーニング・システム」を比較検討してみてください。そして、この手法を気に入ってもらえたのであれば……。

Part3で、そんなあなたにとっておきの「1枚」をプレゼントしましょう。

PART 3

「奥伝」：CONTRIBUTION

第5章

なぜ、学びを仕事に活かせないのか？

仕事で成功するために必要な学びとは

２０１２年10月、私は個人起業家として独立しました。

前述の通り、もともとは新卒でトヨタに入社し、一貫して海外部門に勤務していました。

その後、ＭＢＡが取得できるビジネススクールであるグロービスへの転職を経て、30歳になる年に独立しました。本書の文庫化時点で、13年目に突入しています。

事業内容をヒトコトで言えば、「社会人教育」。

仕事に役立つビジネススキルを広めるコンサルタント・講師・著述家として活動しています。今でこそ、日本だけでなく海外でも研修・登壇させてもらえるところまで事業を拡大できていますが、独立当初の１年間、私はまったくといっていいほど稼ぐことができませんでした。

決して順風満帆でここまで来たわけではないのです。

いったいなぜ、当時の私はお金を稼ぐことができなかったのか？

ビジネスに役立ちそうな学習自体は、当時からたくさんしていました。

サラリーマンの仕事術だけではなく、独立起業に必要な知見についても、書籍・ネット動画・教材・起業セミナー・グループ勉強会・個別コンサル等々。

ありとあらゆる手段・価格帯のものを、当時から学び尽くしていました。

もともと学生時代から年５００冊ペースで本を読むような活字中毒でしたし、社会人になって以降も、

「年収の10％以上」を自己投資に充てる

というルールを独自につくって、新卒の頃から毎年続けていました。

ただ、そんな自己投資・自己研鑽・自己学習を継続していたにもかかわらず、独

立当初は月に10万円も稼ぐことができませんでした。
全般的な能力開発だけでなく、起業にまつわる知見もたっぷり仕入れていたにもかかわらず、「学びを仕事に活かす」ことができなかったのです。

なぜ、学びを活かせないのか

最後にもう一度だけ書きます。

いったいなぜ、当時の私は、学びをお金に換えることができなかったのか？

何度もこの問いを書いてきたのには、理由があります。
実は、この質問に答えることによって、私だけではなく、

あなたがなぜ、これまで学びを仕事に活かせなかったのか？

という疑問の答えも、同時に明らかにできてしまうからです。

そこで、私の失敗談の共有はこれくらいにして、今度はあなた自身にじっくり考えてみてほしいことがあります。

ワークを行いましょう。


189ページ図5－1のような「1枚」フレームワークを、「緑ペン」で作成してください。

Part2の際、補助ツールとして紹介した「エクセル1」です（155ページ図4－6）。


フレームを書いたら、以下の3つの問いについての答え、あるいは答えになりそうなキーワードの候補を、「青ペン」で枠の中に埋めていってください。

・あなたはなぜ、仕事をしているのでしょうか？

・あなたが最近、仕事で困っていることは何でしょうか？

・あなたが最近、熱心に学んでいるテーマは何でしょうか？

あまり深く考え込まずに、1枚あたり3分程度の時間で、気軽にサクサク書き出すのがコツです。「何が正しいか」ではなく、アタマの中に浮かんできたキーワードを素直に、そのまま書いていってもらえれば大丈夫です。

最後に、「自分が特に重要だと感じているキーワード」トップ3をピックアップして、「赤ペン」で丸をつけるようにしてください。

3枚分やったら、このワークは完了となります。

さて、一通り自分なりの答えを見出すことはできたでしょうか。

こうしたテーマについて、自分がどんなキーワードをアタマの中にストックして

図 5-1　「エクセル1」
学びを活かせない理由を知るワーク

【DATE】【THEME】 11/11 なぜ働く？	成長するため	社会貢献	
厳しい環境で競いたい	キャリアアップ	大人として当然	
達成感を得たい	グローバル人材	面白いから	
お金のため	自己実現		

青ペンで書く

赤ペンで丸をつける

【DATE】【THEME】 11/11 仕事で困っていることは？	やる気のない同僚が多い	経費のムダ使いが多い	時間管理が苦手
ノルマが高い	業界が縮小	研修が不十分	勉強時間を確保できていない
残業が多い	若手がすぐやめる	会議の数が多すぎる	英語での資料作成
社長にビジョンがない	良い人を採用できない	取引先の社長とのコミュニケーション	

【DATE】【THEME】 11/11 熱心に勉強していることは？	業界の専門知識の拡充	英字新聞	
業界資格	英語（TOEIC）	仮想通貨への投資	
他社の動向	説明力・プレゼン力		
実務能力の向上	英語リスニング		

いるのか。あるいは、それらの言葉についてどのような重みづけをしているのか。「あなたの仕事観」が見えている状態で、以降を読み進めていってください。

売上は誰がつくるのか？

当時の私が、膨大な時間と予算とエネルギーを割いて独学に励んでいたにもかかわらず、たいして稼げなかった最大の理由。

それは、これから紹介する「シンプルな1行」について、心の底から理解できていなかったからです。

なお、今書いた「心の底から理解する」という意味合いで、私は「感得する」という言葉を普段から使っています。これからも多用していきますので、認識合わせをしておいてください。

独立当初の時点ではまだ「感得」できていなかった「シンプルな1行」、それは、

売上とは、独りでは絶対に上げられないもの

この20文字を見ただけで「ハッとさせられた」人もいれば、「何を当たり前のことを言っているんだ」という感じの人も当然いるでしょう。

これからこの1行をもっと響かせてもらうべく、丁寧に解説していきます。

誰のために仕事をしていますか?

そもそも私が独立した理由は、組織の論理や人間関係のしがらみに翻弄されることなく、「自分の生きたいように生きたかったから」です。

会社に、人に、社会に依存せず、自らの人生を自分でグリップしながら歩んでいきたい。

・自分の強み・好きなこと・スキルをシェアしながら、
・自分のやりたい環境・方法・スタイルで、
・お金を稼いで自分が生きたいように生きる

ヒトコトで言えば、「自由」を実現したくて独立しました。もしかしたら、あなたにも同じような願望が少なからずあるかもしれません。

ただ、見ての通りです。

「自分」「自分」「自分」のオンパレード……。

この動機には、「世のため」「人のため」という「他者」視点がありません。

もちろん、首から上のアタマのレベルでは、「誰を助けたいか」「どんな世の中にしたいか」といったことも考えていました。

「経営理念が大事だ」「ビジョナリーでなければならない」「志・大義なき者に成功はない」といった知識は十分すぎるくらいに知っていましたので（なにせビジネススクールにいましたから）、自分なりにあれこれと考えてはいました。

ただ、今から振り返ってみると、「感得」というレベルには程遠く、所詮は「口先レベル」だったと感じています。

当時の私は、「自分の生きたいように生きるんだ」という自己満足・自己実現的な想いばかりが肥大化していました。

ただ、実はこの発想は私だけでなく、多くの個人起業家が独立当初に共通して陥る典型的な病だったりします。

何より、この病の悩ましいポイントは、「なかなか自分では気がつけない」こと。

恥ずかしながら当時の私も、まさにこの症状に陥っていました。

当然の帰結として、こんな立ち振る舞いでは人が集まってくれません。

「初伝」や「中伝」で共有したような学びは、この時点ですでに実践できていました。色々なテーマについて本質をたくさんインプットしていましたし、それをわかりやすく説明することも容易にできるレベルに達していました。

ところが、ブログやメルマガで毎日のようにアウトプットを行っても、読者が増えていきません。セミナーを開催しても、参加者はゼロばかり。
そんな状態が、常態化していました。

そうして、「貯金がいよいよまずいことになってきた」という危機的状況に追い込まれてようやく、私は「ビジネス」の、いやあえてここでは「働く」と書きたいのですが、その本質を感得することができたのです。

「働く」とは何か？ 田坂広志氏の教え

それではいきましょう。

「1シート・ラーニング・システム」のベースとなる、「仕事の本質たる1行」「仕事とは何か？」「働くとは何か？」の定義を、あなたに共有します。

「働く」とは、「傍」を「楽」にすること

この仕事観は、社会人1年目の時に、多摩大学大学院名誉教授でシンクタンク・ソフィアバンク代表である田坂広志さんから学んだ言葉です。

「傍」は、「はた」と読みます。その意味は「周囲の他者」。

「はたから見ると」という言い回しが、おそらく最も馴染みのある表現だと思いますが、この「はた」が「傍」の意味です。

「傍＝あなたの周りにいる彼ら・彼女ら」を「楽」にすること。

それが「傍楽＝はた・らく＝働く」という言葉・音の意味だという解釈です。

社会人1年目の入社式前日。

したがって日付でいうと3月31日なのですが、愛知県豊田市にあった築40年以上の古びた寮の4畳半で、私はこの1行と出会いました。

夜になり、「いよいよ本当に明日から社会人生活がスタートしてしまうのか」という期待と不安いっぱいの状態で出会ったのが、この仕事観でした。あのタイミン

グでこの解釈に出会えたことは、本当に奇跡的な幸運だったと思います。

ただ、直接お客様と接する機会のない大企業のサラリーマンだった当時の私にとって、この言葉は、「周囲＝上司や部下、関係部署の人たちを少しでも楽にすること」といった意味合いのものでしかありませんでした。

それでも、我の強い20代の若造にとって、この仕事観は決定的なストッパー・戒め・教訓として機能し、何度も私を救ってくれました。

本書の読者の中には、当時の私と同じような境遇、すなわち、お金を払って商品やサービスを買ってくれるお客様とは、ダイレクトに接する機会がないというビジネスパーソンも多いはずです。

そういう方ほど、以降の内容は特に重要になります。

会社から給料をもらっているサラリーマンのような身分とは異なり、個人起業家にとっての「傍を楽にする」は、もっとビジネス的に重要な意味を持ちます。

端的に表現するなら、

傍を楽にした結果、対価＝お金を受けとれる

この新たな20字と組み合わせて理解すれば、先ほど書いた「売上とは、独りでは絶対に上げられないもの」という1行の意味が、より鮮明につかめるはずです。

少し堅めの表現で言い換えれば、「周囲の問題解決・願望実現」を成し遂げることによってはじめて、売上は発生する。

ビジネスとは、「独りでは絶対に成立しえないもの」なのです。

いかがでしょうか。これでもまだ、「何を当たり前のことを言っているのか」という感じでしょうか。

そういう読者のために、今度は数字を示しましょう。

中小企業白書の統計によれば、個人起業家の約4割が、開業わずか1年で廃業しています。10年スパンで見ると、10人に1人しか生き残ることができていない。

これが、独立の現実です。

当時の私を含め、個人起業家の多くは、「自分の生きたいように生きたい」「これ以上会社に翻弄されたくない」といった欲求が最高潮に達した時に、独立します。

独立には、清水の舞台を飛び降りるレベルのエネルギーが必要です。その動力源として、こうした「自己実現的な欲求」は、むしろ強力なドライバーとなります。

だから、この文脈でのモチベーションを全否定するつもりはありません。実際、私自身もこうしたエネルギー源がなかったら、決断はできなかったと思います。

問題は、独立後なのです。

自分でビジネスを開始した後になっても、相変わらず肥大化した自己実現気分に浸っているようでは、いつまで経ってもお金を稼ぐことはできません。

膨張した「自己満足・自己完結・自己実現」的仕事観には、

「人の役に立ちたい」という根本動機がない

からです。肝に銘じるべきは、「自己実現」ではなく「他者貢献」。

これが、仕事の本質です。

日々、どんな些細なことでもよいから、周囲が楽になるようなことを積み重ねていく。その頻度や量・質が向上していった結果、経済的な対価を受けとれる機会も徐々に増えていく。また、その額も大きくなっていく。

恥ずかしながら、私は「このままでは食えなくなる」という経済的危機に直面してようやく、「働く」ことの本質的な意味について、改めて感得することができました。


少し補足をしておくと、前述の通り、私は入社前日の時点で、この仕事観自体はすでに知っていました。なので、もともとサラリーマン時代は、むしろ他のビジネスパーソンより「他者貢献」的な仕事観の実践ができていたほうです。

実際、希望の所属先に異動させてもらったり、アメリカで働かせてもらったり、のちに日本一を獲得するプロジェクトに参画させてもらったりもしました。

今すべての表現を受動態で書きましたが、決してこれらのキャリアは自分だけで成し遂げたものではありません。

人事や給料を決めるのは、あなた以外の他者

「他者貢献」を積み重ねるという仕事観で働いているからこそ、周囲の後押しで「土俵」に立たせてもらえる。「チャンス」を与えてもらえるのです。

そこで、「初伝」や「中伝」の学習を通じて磨いた能力を駆使し、成果を出していく。その結果、さらに大きなチャンスに恵まれるという善循環です。

こうした仕事の本質について、サラリーマン時代は理解も体感もしていたはずなのですが、それでもトヨタを辞めて「独立する」ということは、とてつもなく大きな決断だったようです。

私はそのエネルギーを補充するために、一時的にこうした仕事観をすっかり忘れてしまいました……。

それで独立を実現できたわけですし、その後より深く感得もできたわけですから、今となってはこの流れでもよかったのかもしれません。

とはいえ、やはり通帳の残高が減っていくストレスというのは尋常でないものがありますので、ぜひ私のストーリーを参考にして、転ばぬ先の杖としてもらえれば嬉しいです。

さて、仕事の本質をつかみ直して以降、私の働き方はガラッと変わることになります。

まず、毎日のように書いていたブログの文章が根本から変わりました。

本質を感得する前のブログは、

「こんな面白いビジネススキルを開発したんだけど、興味ありますか？」

などという、自己満足的なスタンスが強いものでした。それを、

「もしこんなことでお悩みなのであれば、こんな方法で解決できますよ」
「その願望には、こんな本質が役に立ちますよ」
「このテーマについては、3つのキーワードだけで十分理解できますよ」

という、他者貢献的なものに180度変えていきました。いや、「変えていった」というよりは、本質的な仕事観を感得できたことで、「自然と変わっていった」と表現したほうが適切かもしれません。

すると、次第にブログ経由でのセミナー参加者が増えていきました。

加えて、ブログを見た編集者からオファーをもらい、出版が実現。その本を見てさらに受講者が増え、また別の出版社からもオファーが入り……。

以降、わらしべ長者のようにビジネスが拡大していき、今に至ります。

「自己」実現から、「他者」貢献の仕事観へ

「自分」から「他者」へ。

たった2文字「主語の変更」を行っただけで、ビジネスも人生も180度変わりました。今となっては、当時自分が抱いた願望のほぼすべてが叶ってしまったのです。

あなたは誰のために仕事をしているのか？

ここまで、私のビフォーアフター体験を公開してきたのにはわけがあります。

ぜひ、あなたにも正直に向き合ってもらいたいのです。

あなたの仕事観に、「他者貢献」の観点はどれほど入っているでしょうか。

確かめる方法は簡単です。先ほど、紙とペンを用意し、3つの質問についてトップ3をピックアップしたと思います（189ページ図5−1）。

・あなたはなぜ、仕事をしているのでしょうか？
・あなたが最近、仕事で困っていることは何でしょうか？
・あなたが最近、熱心に学んでいるテーマは何でしょうか？

「赤ペン」で囲った＝あなたが重要だと捉えている答えの中に、「他者貢献」的な考え方がベースになっている内容は、どの程度あったでしょうか。

たとえば1つめの質問なら、「食べていくため」「自己成長のため」「キャリアアップのため」「ほしいものを買うため」「自己実現のため」「楽をするため」といった答えは、すべて違うということになります。

一方、「自由な人生を歩める人を増やすため」「非効率な世の中を自分が開発したサービスで改革するため」「女性が働きやすい社会を実現するため」「社長の理念を実現するため」といった内容なら、まさに「他者貢献」です。

2つめの質問に関しては、「自分が仕事で困っていること」ではなく、「周囲の人が困っていること」をどれだけ書けたかどうか。

あるいは、「青ペン」で書き出していたとしても、「赤ペン」でピックアップしたかといった点が、チェックポイントになります。

「自己完結」的な仕事観の人ほど、「赤ペン」で囲っている数も、「青ペン」で書き出している数も少ないはず。

「正直ゼロです」という読者も、おそらくかなりの数いるでしょう。

そして最後、3つめの質問が、学習をテーマとする本書においては最重要になります。すなわち、

あなたの学びに、「他者貢献」的な動機はあるか？

もし、あなたが「働く」という言葉の本質を本当につかめているなら。そのうえで仕事をしているなら。日頃から、「周囲の人たちが困っていること」を収集してい

るはずです。そうした問題意識で書店のビジネス書コーナーに足を運べば、自ずと、

「あ、この本の内容、もしかしたらAさんの悩みに効くかも」

といった本の選び方ができているはずです。そして、Aさんの問題を解決するための一助としてその本を読む、学習するというアクションが生まれていきます。

あとは、学んだ内容を活かして、Aさんの問題解決／願望実現を実際にサポートすることができれば、あなたは晴れて「傍を楽にする＝働く」を実践したというストーリーになるわけです。

なぜ、学びが稼ぎに変わらないのか

いかがだったでしょうか。まとめると、要するにこういうことです。

あなたが学んだ内容を仕事に活かせない理由は、たとえば「インプットした学びを覚えていないから」。あるいは、「学びをわかりやすく説明＝アウトプットできないから」という場合もある。

でも、それ以上に向き合うべき理由があって、

根本的な「仕事観」がズレているから

「自己完結」型の仕事観で働いている限り、お客様や周囲の同僚が不在の状態で学習をすることになってしまいます。そんな状態では、何を学んでもダイレクトな「働き先＝対象となる傍＝他者」がいません。

あなたの学びには、仕事上の「需要」がないということになってしまいます。言ってみれば、「使う見込みのない学習内容＝余剰人員」を、脳内に大量に雇い続けているようなものなのです。

一方、「他者貢献」型の仕事観で働いていれば、あなたの頭の中には「周囲の人

が抱える問題リスト＝需要」が大量にストックされていることになります。

その結果、「各問題を解決するための知見＝供給を学ぶ」という目的で、本を読むなり、教材を買うなり、セミナーに参加するなりといった具体的なアクションを積み上げていくことができる。

あとは、仕入れた学びを供給して周囲の需要を満たせば、ムダなく一直線に「他者貢献＝働く」ことができます。

こうした積み重ねが、サラリーマンの場合であれば、昇給や昇進につながっていきます。先ほども紹介したまとめですが、サラリーマンの場合は、こちらの1行のほうが響くと思います。

人事や給料を決めるのは、あなた以外の他者

構造は、個人起業家の売上創出とまったく同じです。

サラリーマンが、自身の思い通りのキャリア・人生を歩んでいくという文脈でも、

やはり「他者貢献」が仕事の本質となります。
似たような表現ですが、双方に当てはめられるよう、もう少し抽象度を上げた1行も記しておきます。

自己実現は、「自己完結」では達成できません

サラリーマンであれ起業家であれ、「自己」ではなく「他者」の存在が不可欠です。
そして、「他者」への貢献の結果として、「自己」の幸せが実現されていく。
「他者」が登場しない仕事観の行きつく先に、「自己」の幸せはないのです。

他者貢献型の学習とは？

ここまで読んでいただき、本当にありがとうございました。

これでようやく、ゴールにたどり着くことができました。

本書が最終的に提唱したい「仕事に活かせる学習法」の「目的」について、ここで明らかにしたいと思います。

「自己研鑽」も、「独学」も「社会人学習」も、およそ仕事をする人が仕事を念頭に置いて行う学習の目的はすべて、本来であればこの1行に収斂《しゅうれん》していくはずです。

学習の目的は、「他者貢献」の力を高めるため

これから第6章で提唱していく「1枚」コントリビューション学習法は、この本質的な1行に即して構築していきます。

PART 3

「奥伝」：CONTRIBUTION

第6章

奥義伝授！ 仕事に即活かせる「1枚」コントリビューション学習法とは？

「1枚」コントリビューション学習法とは？

よくぞここまで、たどり着いてくれました。

「1シート・ラーニング・システム」の総本山。「紙1枚」書くだけで「他者貢献」型の学びが量産できる「1枚」コントリビューション学習法を、ここに公開します。

214ページ図6‐1を見てください。

まず、この「1枚」フレームワークの構成要素は、以下の5つです。

①「Who？」＝「誰のため」に、学習＝思考整理をするのか？

②「P／W？」＝どんな「問題または願望」を扱うのか？

③「PQ？」＝①②で明確にした「目的」を達成できる「質問」は？

④「1P?」＝③で設定した「質問」に対する、「答え」をヒトコトでいうと？

⑤「3Q?」＝④の「答え」について、「3つの疑問詞」で説明するなら？

カンタンに略語の解説をしておくと、②「P／W?」は、「Problem（問題）／Wish（願望）」の略。①と②を組み合わせて、「学習の目的」を明確にします。

そして③「PQ?」は、「Purpose＝目的」を達成できるような「Question＝質問」という意味合いの表記です。

つづく④「1P?」は、「1Phrase?」の略。

最後の⑤「3Q?」は、④の「1P?」について、「3つの疑問を解消するとしたらどうなるか」という内容を反映しています。

もし、「初伝」「中伝」を飛ばしていきなりこの型を見てしまったら、間違いなく複雑だと感じてしまうでしょう。しかし、ここまでしっかり読み続けてきた読者であれば、おそらく「なるほど」と感じてくれているはずです。すなわち、

①②③は「20字」学習法の「P?：目的」に対応

Who?	①誰のために
P/W?	②どんな問題／願望を扱う?
PQ?	③目的達成につながるような質問は?
1P?	④③に対する1行アンサーは?

3Q?	What?	Why?	How?
P1?			
P2?			
P3?			

⑤「1P?」について「2W1H」で質問してみる

「サポート特典ページ」からダウンロードできますので、
詳しくは「おわりに」をご覧ください。

図 6-1　「1枚」コントリビューション学習法の型

【DATE】 11/11 【THEME】 「1枚」コントリビューション	

※この「1枚」の「記入フォーマット」をダウンロードできます。
また、この「1枚」の書き方を解説した動画もご用意しています。

「1枚」コントリビューション学習法は、他の「1枚」学習法の集合体

まず、①②③は、「20字」インプット学習法における「P?=目的は?」に対応しています。

今回は、①「Who?」と②「P/W?」の2つセットで、「20字」インプットの型における「P?=目的は?」をカバーしていると理解してください。

また、「目的」を2つの要素に分けてしまったため、これらをまとめる意味で、③「目的達成に寄与するような質問は?」という項目を、新たに追加しました。

「20字」インプット学習法の時より強調したいのは、「他者貢献」を主目的にして行う学習だということ。

そこで、最初から「目的」の欄に、「誰の」「どんな問題解決もしくは願望実現をサポートするための学習なのか」という情報しか、書けないようにしてあるのです。

「制約」がキーワードであることは、この段階の読者にはもう解説不要でしょう。

つづく④「1P?」に書く「答え」は、当然ながら「20字」インプットにおける「1P?」と同じ意味です。

また、あとで実例を紹介しながら詳しく説明しますが、「1枚」コントリビューションの型における左半分は、「20字」インプットのフレームワークにおける、中段部分に対応しています。

ここは「青ペン」を使って、「情報を整理する」ための枠だと理解してください。

一方、④「1P?」は「20字」インプット学習法の「1P?」であると同時に、「3Q」アウトプット学習法のフレームワークにおける「1P?」とも合致します。

加えて、⑤「3Q?」は、「3Q」アウトプットの型における「Q1?」「Q2?」「Q3?」を反映した場所です。「What?」「Why?」「How?」という記載を見れば、そのつながりは一目瞭然でしょう。

これで、なぜ「初伝」で「20字」インプット学習法を、「中伝」で「3Q」アウトプット学習法を学んでもらったのかが、より深く理解できたと思います。

「初伝」と「中伝」は、「他者貢献」型学習を会得するための事前課題

という役割もあったのです。

「中伝」までは、「他者貢献」という言葉をあえて伏せておきました。ハードルが高いと感じ、実践してくれない人が増えてしまったら、このような学習法を提唱した意味がなくなってしまうと懸念したからです。

そこで、まずは「初伝」「中伝」という入門編を用意し、たっぷり「1枚」学習法を実践してもらう。主語は自分でもかまわないから、とにかく楽しんで、この学習法自体に慣れることを最優先にする。

その結果、「20字」インプットと「3Q」アウトプットの型に習熟する頃には、無理なく、自然と、敷居の高さを感じることなく、「1枚」コントリビューションの型を受けとることができる。本当に学んでほしかった学習の型を、アクセプトできるだけの心構えも備わっている。

これが、「1シート・ラーニング・システム」という「仕組み」の全貌です。

「初伝」「中伝」だけでも、もちろん役には立ちます。ただ、せっかくここまでたどり着いてくれたのであれば、この「奥伝」もぜひ取り入れてほしいのです。

さあ、ここからは**「主語を変更」**していきましょう！

「あなたの周りにいる人たち」のために、「初伝」と「中伝」で培った学習力をフル稼働させていくのです。

01 3つの疑問を埋める

ここからは、実例紹介に入ります。次ページ図6－2を見てください。

図 6-2　「1枚」コントリビューション学習法の実例

【DATE】 11/11 【THEME】「生き残る判断 生き残れない行動」	ストレスを乗り越える最上の方法	Who?	1月から異動してきた部下のAさん		
リック・レスコラ警備主任	呼吸でコントロール	P/W?	凡ミスを繰り返し自信喪失		
非常時＝パニック＜礼儀正しく	脱・否認＝自信・自尊心	PQ?	どうすれば、自信を取り戻せるか？		
脳をwork＝繰り返し練習	大量＜1つだけの特訓	1P?	「凡ミスは当然」という認識から出発しましょう		
慣れない環境＝受け身、判断力↓	スマトラ津波：ランギ島ゆれる▶高台へ	3Q?	Why?	How?	What?
恐怖に打ち勝つには？＝準備	麻痺＝何もしなくなる	P1?	慣れない環境	当然という認識	9.11
助かる可能性＝希望▶行動の源泉に	8つのP	P2?	判断力下がる	小さな結果で小さな自信	ハリケーンカトリーナ
否認▶思考▶行動	原題：The Unthinkable	P3?	凡ミス増える	こまめに深呼吸	スマトラ沖地震

青ペン

青ペンで記入

赤ペンで記入

青ペン

まずは、第2章の事例で紹介した『生き残る判断 生き残れない行動』にもう一度登場してもらいましょう。

読者の中には、最初の実例としてこの書籍を扱った際、次のように感じた人がいるかもしれません。「仕事に活かせる学習法がテーマなのに、災害時の心得を出されてもなあ」と。

しかし、「1枚」コント

リビューション学習法においては、書籍も、あなたも主役ではありません。「本」でも、「自分」でもなく、

主役は、あなたの同僚やお客様などの他者

このことを前提にすれば、傍を楽にするという目的の達成に役立つ限りにおいて、「素材はなんでも大丈夫」ということになります。したがって、ビジネス書かどうかも関係ないし、複数の本や教材、動画コンテンツを組み合わせても問題ありません。

では、肝心の「目的」を明確にしましょう。フレームワークの右上段部分を埋めていきます。

今回の事例では、1月に異動してきたAさんを対象としました。

また、この「1枚」を書いている人は、Aさんの上司であるBさんという前提で読み進めていってください。

図6-3　Who?（誰のために）、P/W?（問題）、PQ?（目的につながる問い）を書く

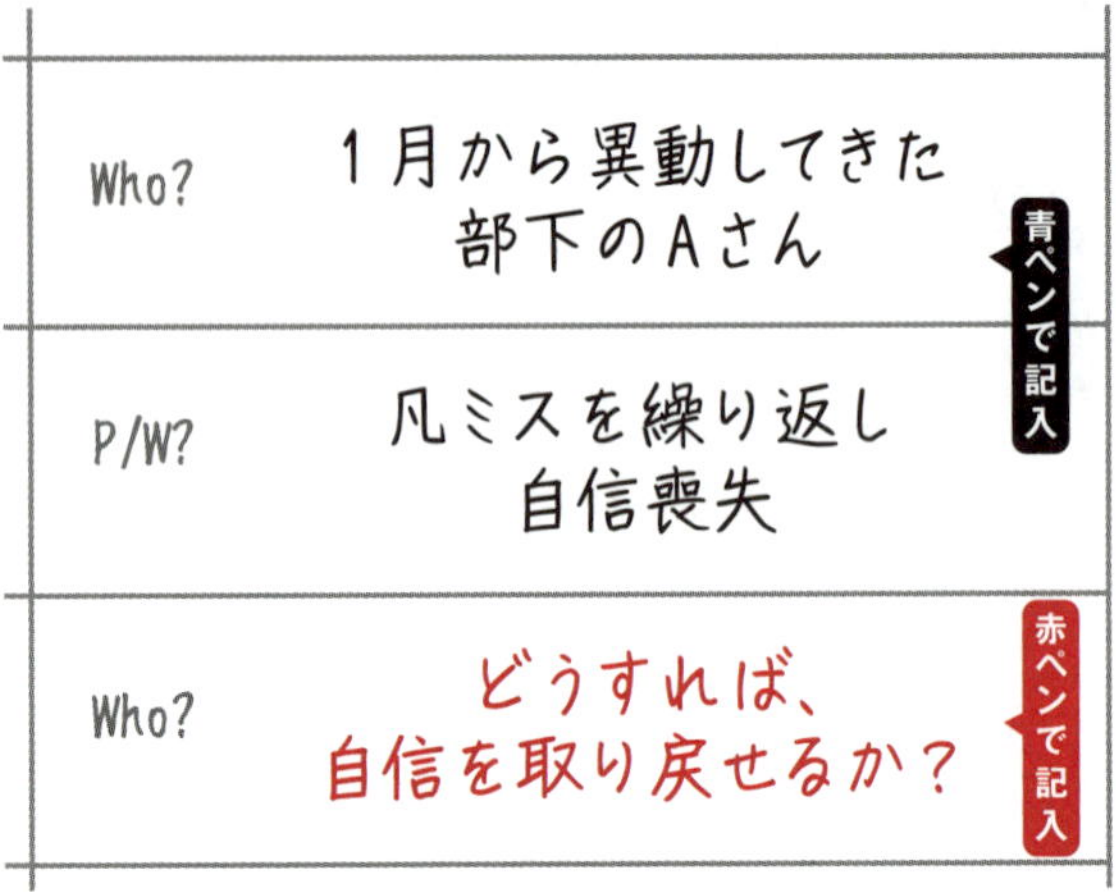

Who?	1月から異動してきた部下のAさん　　〈青ペンで記入〉
P/W?	凡ミスを繰り返し自信喪失
Who?	どうすれば、自信を取り戻せるか？　　〈赤ペンで記入〉

もともといた部署では、高い評価を受けていたAさん。

ところが、異動してきてわずか1か月の間に、Aさんは信じられないような凡ミスを何度もやってしまったのです。

本人も信じられないという様子で、すっかり自信を失っていました。

そこで上司のBさんは、Aさんがどうすれば自信を取り戻せるかということを目的に、必要な知見を学習して得ようと思ったのです。

以上、ここまでが、「1枚」コン

トリビューションのフレームワークにおける「Ｗｈｏ？」「Ｐ／Ｗ？」「ＰＱ？」に該当します。

図６－３のように埋めていくイメージです。

次に、この問いに答えを出すべく必要な学びを得ていくわけですが、その際、Ｂさんの脳裏に「以前読んだリプリーの本が役に立つかもしれない」という直感が湧いたとしましょう。

もちろん、リプリーの本は、Ａさんのような悩みを持つ読者に向けて書かれてはいません。それでも、もしそんなイメージが少しでも湧いたのであれば、まずは書いてみればいいのです。

「他者貢献という目的の達成につながればＯＫ」というのが大前提。しかも、やることはたった「１枚」書くだけですから、気軽に、どんどんトライしていきましょう。

02 キーワードを記入してまとめる

Bさんは改めて『生き残る判断　生き残れない行動』を取り出し、キーワードを「青ペン」で記入していきました。

すでに読んでいる本ですから、基本は思い出しながら埋めていきます。記憶が曖昧になった時だけ、本をペラペラめくって埋めるというやり方です。

その後、「20字」インプット学習法の時と同じ要領で、「赤ペン」で丸をつけながら、考えをまとめていきます。今回の思考整理では、「慣れない環境＝受け身、判断力↓」などといったキーワードから、Aさんに対し、

慣れない環境では「凡ミスは当然」という認識から出発しましょう

図 6-4　「1枚」コントリビューション
学習法の書き方

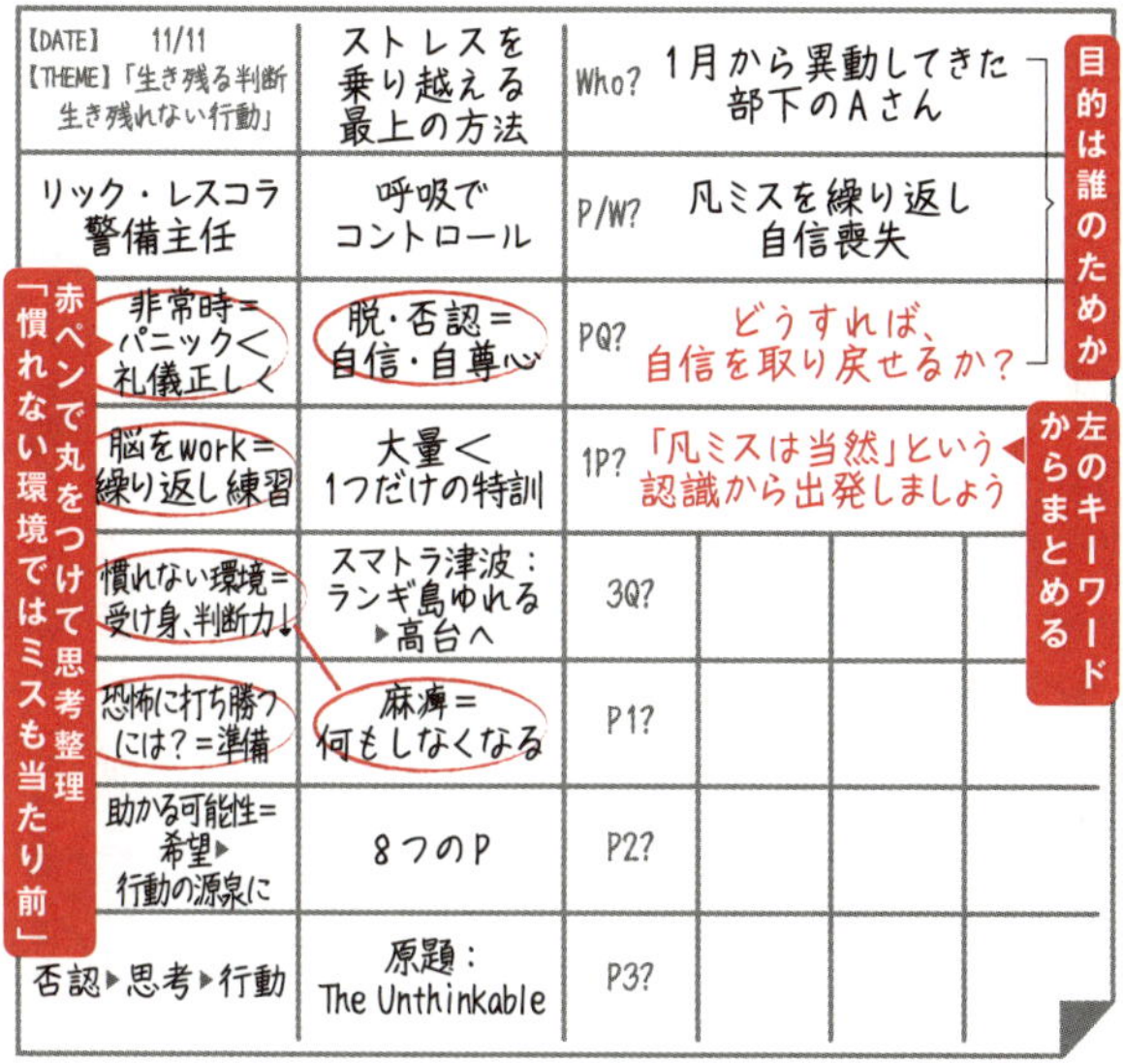

【DATE】 11/11 【THEME】「生き残る判断 生き残れない行動」	ストレスを 乗り越える 最上の方法	Who?	1月から異動してきた 部下のAさん	目的は誰のためか
リック・レスコラ 警備主任	呼吸で コントロール	P/W?	凡ミスを繰り返し 自信喪失	
非常時＝ パニック＜ 礼儀正しく	脱・否認＝ 自信・自尊心	PQ?	どうすれば、 自信を取り戻せるか？	左のキーワードからまとめる
脳をwork＝ 繰り返し練習	大量＜ 1つだけの特訓	1P?	「凡ミスは当然」という 認識から出発しましょう	
慣れない環境＝ 受け身、判断力↓	スマトラ津波： ランギ島ゆれる ▶高台へ	3Q?		
恐怖に打ち勝つ には？＝準備	麻痺＝ 何もしなくなる	P1?		
助かる可能性＝ 希望 行動の源泉に	8つのP	P2?		
否認▶思考▶行動	原題： The Unthinkable	P3?		

（赤ペンで丸をつけて思考整理「慣れない環境ではミスも当たり前」）

というメッセージをつくりだすことができました（1P?）。

たとえ同じ書籍でも、目的が変われば、まとまってくる1行も変わっていきます。

見方を変えると、目的が明確になりさえすれば、ビジネス書には分類されないような書籍であったとしても、こうやって仕事に役立てていくことは可能なのです。

むしろ、巷に溢れる薄っぺらいビジネス書から知見を引っ張ってくるよりも、こういった他分野の名著、あるいはより抽象度の高い骨太な本から学びを得ていったほうがよいと思います。

そのほうが、周りから「スマート」「教養ある人」「色々知っていて凄いな」といった評価を得やすいからです。「中伝」で解説した「説明力=求心力」の話ともつなげて、改めて理解しておいてください。

03 3Qをまとめる

最後です。残った「3Q?」を埋めていきましょう。

記入の要領は、「3Q」アウトプット学習法で解説した通りです。

「奥伝」特有のポイントとしては、ここでも主語を、「自分」ではなく「相手」にして考えること。事例でいえば、上司のBさん視点ではなく、部下のAさん視点で考えるという意味です。

先ほどの1行まとめを聞いたAさんが、いったいどんなリアクションをするのか。「What?」「Why?」「How?」の観点から想定してみます。今回は、

・「Why?」＝なぜ、そう言えるのでしょうか？
・「How?」＝今後はまず、どうしたらいいのでしょうか？
・「What?」＝たとえばどんなケースがあるのでしょうか？

という問いに対する答えを埋めてみました。言い回しが丁寧語になっている理由は、実際にAさんがこう発言するだろうと想定しているからです。図6－5を見てください。

ただ、今回はスペースが小さいため、「3Q」アウトプット学習法の時のように、質問文を書き出すことはやりません。

図 6-5　自分のためと人のための違い

1P?	「凡ミスは当然」という 認識から出発しましょう		
3Q?	Why?	How?	What?
P1?	慣れない 環境	当然という 認識	9.11
P2?	判断力 下がる	小さな 結果で 小さな自信	ハリケーン カトリーナ
P3?	凡ミス 増える	こまめに 深呼吸	スマトラ沖 地震

Aさんのリアクションを想定して埋める

「中伝」の内容を理解・実践できていることを前提に、相手に話した時わかりやすくなる順番で3つの疑問詞をあげておけばよいでしょう。

なお、事例では「Why?」「How?」「What?」の流れであげていますが、今回3つめにあげた「What?」の質問については、Aさんから聞かれる可能性がかなり低いと想定しています。

したがって、一応「3つの疑問詞を網羅する」というセオリーに則って埋めてはみたものの、実際に話すつもりはないというのが前提です。「もし聞かれたら答えられるようにしておこう」といったレベル感で書いています。

今後、あなたが似たようなケースに直面した場合、一部質問は空欄のままということがあってもかまいません。「すべては相手次第」なので、相手から聞かれそうにもないのに無理して埋める必要はないのです。

このように、「1枚」コントリビューションのフレームワークで学習する際は、一部の問いを埋めずに完了するケースもありえます。

2つ、あるいは1つだけ問いを埋めておけばOKという場合も実際には多々あるので、柔軟に捉えられるようにしておいてください。

迷ったら、「相手ファースト」で判断する

これが、「奥伝」において「よりどころ」とすべき、最重要の「本質＝基準」です。

学んだことを伝えてみよう

これで、すべての記入が終わりました（220ページ図6-2）。

他者貢献のための学習、少しイメージがつかめたでしょうか。

この学びを、上司であるBさんが、部下Aさんに実際に伝えるとしたら……。

たとえば、以下のようなイメージです。


「Aさん、最近ミスが続いてるから、1つアドバイスをしてもいいですか。

この間読んだ危機管理の本に書いてあったんだけど、慣れない新天地のような環境では、凡ミスは起きて当たり前なんだという感覚で大丈夫ですよ。

なぜそんな認識でよいのかというと、こういう新しい環境では、誰でも思考力が下がってしまうから。

なので、元部署にいた時には考えられないようなミスをしてしまうのは、自分ではなく環境のせいだと思ってくれればいい。

これからも慣れるまではそういうことが起きるはずだから、とりあえずは、ただ当たり前の現象が起きただけなんだと理解すれば大丈夫です。

少なくとも私はそう理解しているし、この知見は他のメンバーにも共有します。

その代わり、今後はできなかったことにフォーカスするのではなく、できたこと、小さな成果を少しずつ積み上げていくことに焦点をあててください。

そうすれば、すぐに自信も取り戻せるはずです。

あと、最後にコツを1つ。

慣れない環境では、こまめに深呼吸して呼吸に意識を向けるとよいですよ。そうすることで、落ち着いて本来のパフォーマンスが発揮しやすくなるので、試しにやってみてください」

解説の通り、「What?」部分はカットしました。

さて、読んでみていかがだったでしょうか。

こんな風に部下指導やコミュニケーションができたら、部下も救われるでしょう。

そして、学びを役立てられた当人も、嬉しいのではないでしょうか。

「初伝」や「中伝」で蓄積した学びのストックを使えば、こうした他者貢献的な学習が可能になります。

ぜひ、これまでに得てきた学びを、「自分のため」だけではなく「人のため」にも使っていってください。

CASE 2

学びでメンバーの仕事力をアップする

補足説明のため、スピンオフ的な事例として次ページ図6－6を見てください。

このケースは、先ほどとは別の部下であるCさんが主役です。

Cさんが抱える、「ダンドリが苦手、というよりダンドリをする気がそもそもない」という問題を解決するべく、上司のBさんが書いた「1枚」コントリビューションになります。

実は、今回も書籍は同じです。ところが、目的が変わったため、

「余裕がない＝アホになる」を回避するため

図 6-6　噛み砕いた表現にしても OK

【DATE】 11/11 【THEME】「生き残る判断 生き残れない行動」	ストレスを乗り越える最上の方法	Who?	別の部下・Cさん		
リック・レスコラ警備主任	呼吸でコントロール	P/W?	ダンドリが下手、というよりやる気がない		
非常時＝パニック＜礼儀正しく	脱・否認＝自信・自尊心	PQ?	どうすれば、ダンドリが重要と感じてくれるか？		
脳をwork＝繰り返し練習	大量＜1つだけの特訓	1P?	「余裕がない＝アホになる」を回避するため		
慣れない環境＝受け身、判断力↓	スマトラ津波：ランギ島ゆれる▶高台へ	3Q?	Why?	How?	What?
恐怖に打ち勝つには？＝準備	麻痺＝何もしなくなる	P1?	去年の繁忙期	余裕がない状況	ダンドリ
助かる可能性＝希望▶行動の源泉に	8つのP	P2?	先月の月初	判断力下がる	余裕を確保
否認▶思考▶行動	原題：The Unthinkable	P3?	来月のイベント	仕事の効率悪化	脳の働きを下げない

という20字に、思考整理の結果が変わってしまいました。

しかも、「アホになる」なんて表現になっています。もちろん、こんな言葉はリプリーの本には出てきません。

あくまでも、上司とCさんの人間関係の中で、このくらい噛み砕いた表現にしたほうが、Cさんには伝わるだろうという判断からのワードチョイスです。

この追加事例を入れた理由は、「主役は本ではない」ということの意味を、より深く理解してもらうため。

いわゆる通常の読書スタイルしか知らない人にとっては、「ここまで言い換えてしまってもよいのだ」という発想自体が、おそらく浮かんでこないと思います。

しかし、本の表現をそのまま使って相手に響かなかったのでは、「他者貢献」という観点からは意味がありません。

だからこそ、こうした言葉の言い換えが正当化されるのです。

著者の表現を変えていいのか

「著者の言葉か、自分の言葉か」問題で引っかかる方はとても多いので、もう少し話を続けます。

「初伝」の時点ではあえてケアしなかったのですが、本書が提唱する学習法に触れる中で、このように感じていた人もいたのではないでしょうか。

「著者の言っていることを、そんなに言い換えてしまってよいのでしょうか?」「教える側」が使った言葉をそのまま使わなければ、「不正解、間違い、正しくない」とついつい考えてしまう……。

これは学校教育の弊害だと思うのですが、そんな方の迷いを晴らすべく、2つめの実例として239ページの図6-7を見てください。

今回は新入社員のFさんと、先輩として後輩指導にあたることになったEさんに登場してもらいます。フレームを書くのは、先輩のEさんのほうです。

人事部からの要請もあり2週間に1回ペースで、Fさんと仕事の進捗を確認するミーティングをEさんは実施しています。

面談を始めて2か月ほど経った頃、Fさんからこんな相談を受けました。

「あのー、正直に申し上げまして、私は今までの人生で、設定した目標を達成するという経験をしたことがないんです。

なので、この打合せで毎回あれをやろう、これをやろうと決めていただくのはありがたいのですが、なんというか本当に恥ずかしい限りなのですが、そういうことを決めてもすぐに忘れてしまうんです……」

実際、Fさんは前回のミーティングで決めたことをあまり覚えていない様子で、話が積み上がっていかないような状態でした。

そこで、先輩社員のEさんは、以前アメリカ留学中に読んだ目標達成の古典的名著『It Works』で学んだ知見を使って、Fさんにアドバイスすることにしました。

図6－7のように「1枚」コントリビューション学習法のフレームワークを書き、まずは「Who?」「P/W?」「PQ?」を埋めていきました。

つづいて、『It Works』をペラペラとめくりながら、目的達成に役立ちそうなキーワードを拾っていくのですが……。

図を見てびっくりした方もいるかもしれませんが、この本は洋書です。もちろん、日本語の学習コンテンツだけで実践してもらえれば大丈夫なので、変に身構える必要はありません。

ただ、「学習の素材はなんでもOK」というメッセージの総決算として、「外国語のコンテンツでもできますよ」ということを最後に示したかったのです。

加えて、「奥伝」で英語の学習素材を扱ったことには、それ相応の意味があります。

大前提として、新入社員のFさんは、英語がまったくできません。

一方、「1枚」コントリビューション学習法の主役は、英語ができるEさんではなく、Fさんのほうです。

したがって、このまま英語で「1P?」や「3Q?」をまとめるわけにはいきません。

そこで、図の通り日本語で答えが埋めてあるわけです。

Eさんは、『It Works』の日本語版があるのかどうかすら知らない状態でしたので、ここでつくった言葉はすべて、Eさん独自の解釈になっています。

図 6-7　洋書『It Works』の例：著者の言葉を自分の言葉へ

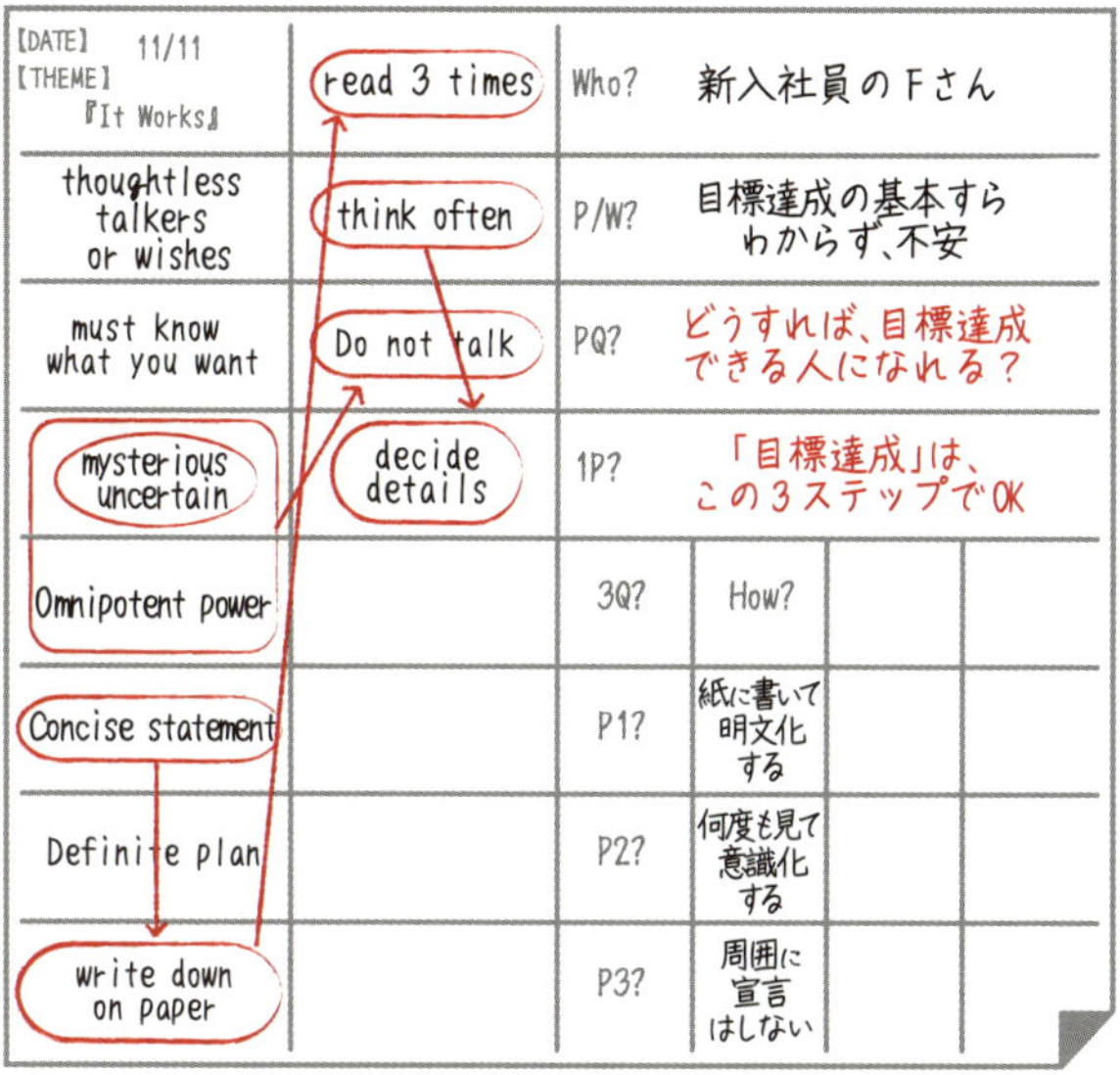

さて、この事例に直面した時、先ほど書いた「著者の表現を変えていいのか」というところで引っかかっている人は、いったいどうするのでしょうか。

その世界観をそのまま反映するなら、「1P?」も「3Q?」も「英語のままで」まとめなければいけないということになってしまいます。

ですが、それではFさん

に役立てられないことは明らかです。

あえて極端なケースを示したので、これでクリアになったのではないでしょうか。

著者のメッセージを、自分なりの言葉に言い換える

「そんなこととしてしまっていいのか」ではなく、「自分の学び」のためにも「相手の学び」のためにも、むしろどんどんやるべきことなのです。

ぜひ、学校教育時代の学習観とは、いったん切り離して考えてください。

私たちはビジネスパーソンです。

「目的達成に有効かどうか」を最優先にして、適切な言葉に言い換える。これを能動的に、主体的に、積極的にやっていくことのほうがむしろ基本なのだという感覚を、これから養っていきましょう。

3Qは自由に記入しよう

もう1つ、この事例で確認しておいてほしいポイントがあります。

239ページの「3Q?」の欄で、「How?」以外が空欄になっているのはなぜでしょうか。

答えは、1つめの事例の時に解説した通りで、説明時に不要な部分は埋めなくても大丈夫だからです。

今回のケースであれば、「1P?」が、「目標達成はこの3ステップでOK」となっていますので、Fさんから出てくる疑問は、「How?:3ステップとは実際のところどうすればよいのですか?」しかありえません。

こんな風に、「1枚」コントリビューション学習法では、「How?」だけ埋めれば大丈夫だったということになるケースが、実際にはかなり多く発生します。

なぜなら、この型は問題解決や願望実現を目的にしているため、必然的に「どう

図6-8 「1枚」コントリビューションの型、「How?」重視ver.

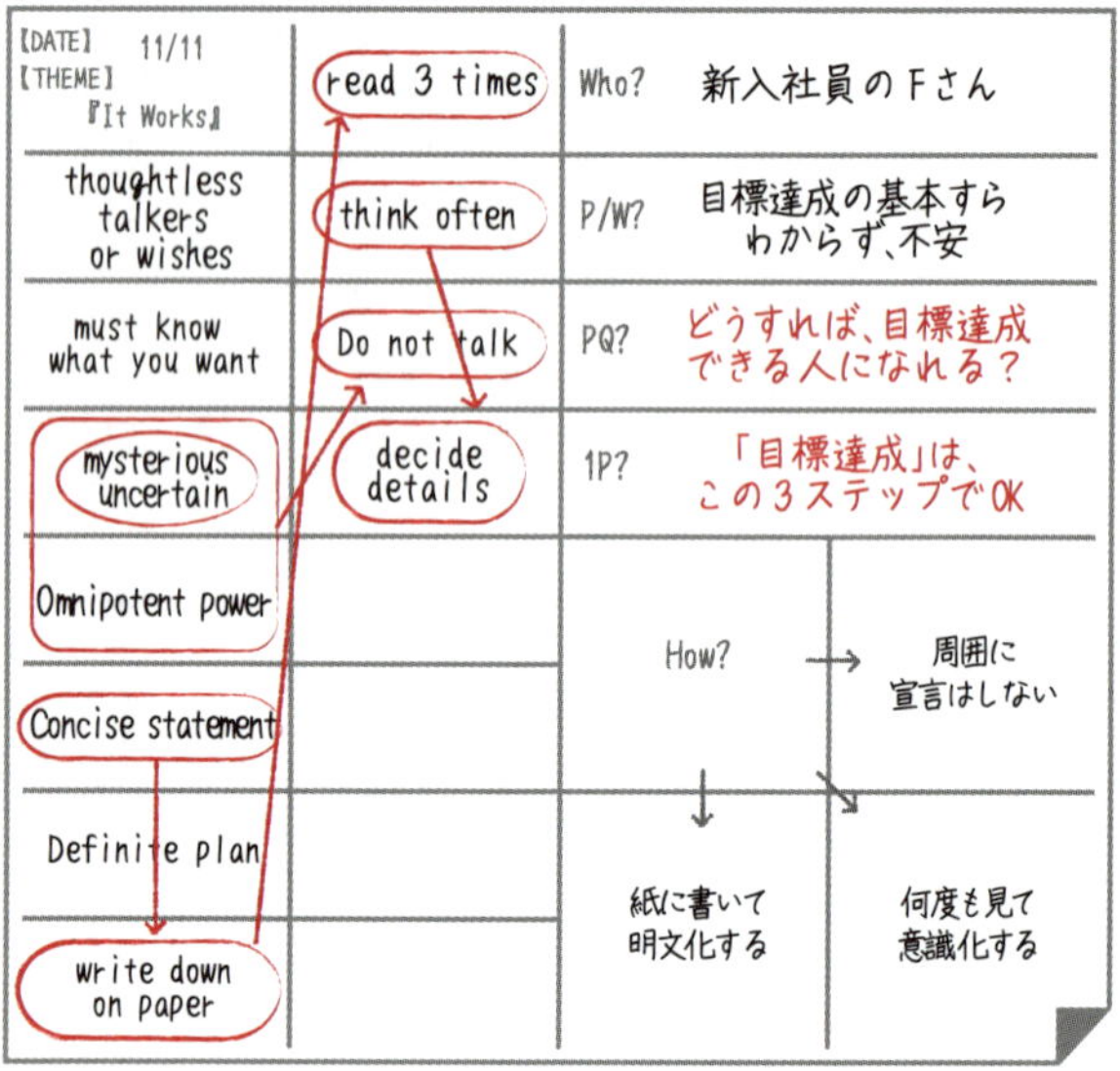

いった行動をとれば解決／実現していけるのか？」という文脈でのまとめ方になりがちだからです。

そこで、最初から「Ｈｏｗ？」だけ埋めればＯＫということが自明な場合については、図6－8のようなフレームの書き方をしてもらってもかまいません。

右下のスペースが大きくなりますので、より細かく情報を書き込むことができます。

「こちらのほうが実践しやすい」と感じた方は、「3Q?」の代わりに「How?」を記入するこちらのバージョンも活用してください。

相手に行動してもらうためにできること

この流れで、最後の確認ポイントに進みます。

今、「How?」の欄にフォーカスをあてましたが、「中伝」で学んだ通り、ここに書かれる内容は、「動作レベル」になっていることが重要でした。

このことは、「奥伝」においてさらに重要な意味を持ってきます。

なぜなら、ここでいう「動作レベル」とは、

「自分が行動に移せるか」ではなく、**「相手が行動に移せるか」**が基準になるからです。

自分のために学んでいる時は、ある程度抽象的な表現であっても、自分なりに解釈して行動することができたかもしれません。

しかし、「1枚」コントリビューション学習法においては、つくった「1枚」を特定の誰かに説明することが前提です。その相手が行動できるような言い回しになっていないと、アクションを促すことができません。

そこで、たとえば次のように言葉を足していく必要があります。

・紙に書いて明文化する

↓達成したい目標をコピー用紙に、20字程度の短文で書く

・何度も見て意識化する

↓ノートパソコンに挟んでおいて、開けるたびに見返す

・周囲に宣言しない

↓Eさん以外の人には、絶対に口外しない

これで、よりFさんが行動に移しやすい表現になりました。

あとは実際に伝えてみて、Fさんの反応を見ながら、さらに言葉を足していけば大丈夫でしょう。

こう書くと簡単に見えてしまいますが、「動作レベルで伝えよう」という意識が希薄なビジネスパーソンは、かなり多いというのが実態です。あなたも実際にやってみると、「案外難しいな」と感じるかもしれません。

それでも、繰り返し「1枚」の型を書いて経験値を上げていけば、必ず習慣として根づいていきます。どうかたくさんトレーニングを積んで、著者の言い回しに引っ張られることなく、周囲の人たちを助けられるような表現力を磨いていってく

図 6-9　Fさんが行動に移せる表現でまとめる

1P?	「目標達成」は、この3ステップでOK
How?	Eさん以外には絶対に口外しない
達成したい目標をコピー用紙に、20字程度の短文で書く	パソコンに挟んでおいて1日3回以上見返す

ださい。

ここまで、2つの事例を学んでみて、いかがだったでしょうか。

「面白い、こんな学習法ははじめてだ！」

と知的好奇心が刺激され興奮している人もいれば、

「うーん、言ってることはわかるけどちょっとなあ……」

という感覚の人も当然いるでしょう。特に後者の方へ、1つへビーな質問です。
次の質問に、できるだけ素直に、正直に答えてみてください。

あなたには、サポートしたい人がいますか？

簡単な質問ですが、とても重たい投げかけでもあります。
なぜなら、答えが「いいえ」という場合、「働く」という言葉の定義上、

仕事ができない

ということになってしまうからです。したがって、ほんの少しずつでもよいので、
「楽にしたい人」を周囲に見出していく必要があります。

そこで、最後のケースに入るまえに、「サポートしたい人」を見出すための「動

作」を、補足的に紹介しておきます。

ここでは、「エクセル1」を使っていきます。

左ページ図6－10を見てください。

見ての通り、まずは「仕事で関わる人は？」というテーマで、具体的に個人名を「青ペン」で書き出していきます。

その中から、相対的に仲のよい人、日常的にコミュニケーションが気軽にできる人を2名ほどピックアップして、「赤ペン」で囲ってください。

つづいて、1行・3列目のフレームに書いてある「P／W？＝その人が抱えている問題は？／望んでいる願望は？」の答えを埋めていきます。

ただし、無理にすべてを埋める必要はありません。残った空欄については、「ここに何を埋めたらよいのだろうか？」

という問いだけを立て、この「1枚」から離れてしまってOKです。

その後、普段通りに、先ほど「赤ペン」で囲った人たちと過ごしてください。

図 6-10　サポートしたい人を見つける

20XX. 4. XX 仕事で関わる人は？		P/W?	
A部長		市場が縮小 しているのに 打開策がない	
B課長		部署内の 連携がない	
Cさん		やる気が出ない	
Dさん		残業が多い	
取引先のE様		時間がない	
取引先のF様		ビジネスモデル が限界	
協力会社の Gさん		若手が すぐやめる	

その人が抱えている問題・課題

書き出す時はイニシャルでもOK！

すると、何気ない会話の中で、

「へー、○○さんってそんなことで困ってるんだ」

「なるほど、これが○○さんの望んでいることだったのか」

というように、「ここに何を埋めたらよいのだろうか？」の答えが、ふとした瞬間に湧いてくるはずです。

これは脳科学や心理学の知見として言われていることであり、私自身や多くの受講者

も体験していることなのですが、人間には、

問いが立つと、答えが出るまで探し続ける

という性質があるのです。

「エクセル1」を書いて、一度「ここに何を埋めたらよいのだろうか？」という問いに直面しておくと、あとは半ば自動的に、あなたの脳が答えを探し出します。意識的にだけでなく、無意識レベルでも答えを捜索してくれるため、あとはその流れに身を任せていればいいだけです。

以降、答えが見つかり次第、「1枚」コントリビューション学習法のフレームワークにバトンタッチしていきます。

この学習法がピンとくるかどうかの分岐点は色々ありますが、ここで紹介した「貢献したい他者がいない」という観点で引っかかってしまう人は、案外多いかもしれません。該当する方が、この方法でリカバリーできることを願っています。

最後の事例

「紙1枚」書くだけの「仕事に活かせる学習法」、いかがだったでしょうか。

ここまで、このユニークな学び方のＡｔｏＺ、すなわち「Ｗｈａｔ？」「Ｗｈｙ？」「Ｈｏｗ？」について徹底解説してきました。

・この学習法のメリットは何か？
・なぜ、このような学び方が必要なのか？
・どうすれば、実践できるか？

こうした問いについて、あなたはすでに答えられるようになっているはずです。

さて、それでは最後のケーススタディに移りましょう。

といっても、これ以降、もう図版はありません。どういうことかというと、

本書を題材に、自分で「1枚」をつくる

それを「最後の実例」にしてほしいのです。まずは、

「本書の学びをまとめるため」

という「P?」で、「20字」インプット学習法のフレームワークを書いてみてください。そして、最終的には20字前後で、本書から得たあなたなりの学びを、ヒトコトでまとめてみてほしいのです。

つづいて、「3Q」アウトプット学習法の「1枚」フレームワークを書いて、「1P?」のところに「20字」インプットの型でつくったまとめを転記してください。

そして、この「1P?」について、今度は「3つの疑問」を解消するように思考整理してみてほしいのです。

最後に、本書を素材にした「1枚」コントリビューション学習法で、総仕上げの演習をやってみてください。

・あなたの周りにいる、学習を苦手としている人
・一生懸命学んではいるものの、空回りしている人
・学びを人に役立てるどころか、人を蹴落とすために使っている人、等々

もし、「あの人にもこの本を読ませたいな」という人物がいるのであれば、その人のために「1枚」コントリビューションの型を作成してみてほしいのです。

そしてできあがったら、実際にその人に説明してみてください。

もし、あなたの働きかけによって、相手の現状が少しでもよい方向に変わっていったのだとしたら……。

これほど意義のある読書体験は、滅多にないのではないでしょうか。

実際に何かしらのビフォーアフター体験ができた人は、ぜひinfo@asadasuguru.comにメッセージを送ってください。

読者自身の手による「1枚」によって、本書の最後のピースが埋まります。

どんなケーススタディを最後に読むことができるのか。あなたからのメッセージを心待ちにしています。

終章

「知的好奇心」型の学習を取り戻す

本書を終えるにあたって、1つ質問があります。

記憶喪失になった時、人は最初にどんな問いを発すると思いますか？

これまで多くの受講者の方にこの質問をしてみたのですが、返ってくる答えはいつも同じでした。おそらく、あなたの答えも同じでしょう。

ココハドコ？　ワタシハダレ？

実際に記憶喪失になった人はほとんどいないにもかかわらず、誰もが異口同音にこのフレーズを思い浮かべてしまう。

いったいなぜ、「ココハドコ？　ワタシハダレ？」なのでしょうか。

私なりの考えはこうです。まず、このカタカナを漢字に変換してみます。

ココハドコ　↓　「世界」とは何か?
ワタシハダレ↓　「人間」とは何か?

ではなぜ、私たちは「世界観」や「人間観」を突き止めたいと願うのかと言えば、この2つが定まれば、「どう生きるか?」という「人生観」が確固たるものになるからです。

「世界観」「人間観」「人生観」を確固たるものにしたいから、「学びたい」

そういう欲求が、本来は誰にでも備わっていると思うのです。
こうしたキーワードについては、第2章で「教養ブーム」の話題を扱った際にも触れましたが、ここではこの欲求をベースにした学びについて、

「知的好奇心」型学習

という言葉で定義してみます。

そして、こう定義したうえで、私の時代認識を1つ共有させてください。

現在、多くのビジネスパーソンが、こうした「知的好奇心」型学習に蓋をして生きている。私にはそう見えてなりません。

社会人になって以降、自発的に学習を続けている人があまりにも少ない。むしろ、独学に励む人たちに「意識高い系」などとレッテルを貼り、嘲笑するような空気すらある。いったいなぜ、こんなことになってしまっているのか。

その本質は、誰もが持っている「知的好奇心」型学習の芽を覆いつくすように、

「経歴獲得」型学習が蔓延しているから

これが、この問題についての私なりの見立てです。

「経歴獲得」型学習とは、要するに「よい大学に入り、よい会社に入り、よいキャ

リアを歩み続けるために勉強する」という学習観です。

ただ、実際には、「よいキャリアのために」という部分は割合が小さく、大半の人にとっては、「よい会社に入るまで」で、この学習観は終わってしまいます。

したがって、就職した時点で学ぶ目的が消滅してしまうため、学習へのモチベーションが一気に枯渇してしまうのです。

実際、サラリーマン時代に私は何度も、以下のようなことを言われてきました。

「え、なんでもう学生時代が終わったのに、勉強しなきゃいけないの？」
「君が何をモチベーションにして今も勉強してるのか、意味不明なんだけど……」
「トヨタに入ったんだから、もう勉強なんて終わりでいいじゃん！」

これらのコメントの背景にあるのが、「学習とは、必要な経歴を獲得するためにやるもの」という固定観念。そう明確に言語化できるようになったのは、30代に入ってからのことでした。

一方で、社会人になって以降あれこれ勉強している人の中にも、「よいキャリアを歩むために」という「経歴獲得」型学習観を引きずっている人がいます。

典型的な例が、資格の取得です。

「資格」というアピールできる「経歴」を獲得することで、自分の人生をより良くしていこうという思考回路なのでしょうが、根本的な学習観は学生時代のままです。

さて、いったい何が言いたいのか。

日本のビジネスパーソンに、「経歴獲得」型ではない、もっと根本的な学習観である「知的好奇心」型学習を取り戻してほしい。

そう強く思います。人は誰しも、

「世界観」「人間観」「人生観」をつかみ、確固たる人生を歩みたい

と望んでいるはずです。

だからこそ、物事の本質にアクセスできるような学びを得た時、知的好奇心が刺激されて「楽しい」と感じることができる。そのようにできているのです。

学びは、楽しい

「経歴獲得」という固定観念をほぐし、この感覚を取り戻していく。

本書では、数多くの本質を20字前後にまとめて紹介してきました。

こうした学びにアクセスすることで、「経歴獲得」型学習観が当たり前となっている人たちにも、「学ぶ楽しさ」を思い出してほしかった。

そんな刺激を与えたいという想いから、ここまで全力で書いてきました。

一方で、すでに「学びは楽しい」という感覚を取り戻している読者に関しても、

「知的好奇心」型学習観の弊害である
「自己満足」型の学習観では、仕事に活かすことは難しい

という点に気づいてほしい。そう強く感じていました。

学びは楽しい。そのこと自体はまったくその通りですし、私も強く共感します。ただ、仕事の本質たる「傍を楽にする」という仕事観から見れば、やはり「自分が楽しいだけ」ではダメなのです。

楽しいがゆえに、その快楽の檻の中で安住してしまう。

それが、学びを仕事に活かすことができない最大の理由なのに、そのことに気づけないままでいる。

そんな読者に、なんとか目を覚ましてほしかったのです。

「経歴獲得」型から、「知的好奇心」型の学習観を取り戻す。

そこからさらに、「自己満足」型には決して陥ることなく、「他者貢献」型の学習へとうまくシフトさせていく。

読者にこうした学習観を受けとってもらいたい一心で、一文一文に気持ちを込めて文章を綴りました。「動作」レベルで実践できるメソッドを開発してきました。

私には、本書執筆時点でもうすぐ2歳になる子どもがいます（文庫化時点では8歳になり、次男も生まれています）。

彼は今まさに、爆発的な量の学習を楽しんでいる真っ最中です。

目を覚ますごとに、妻と私を驚かせるような成長を遂げていっています。

新しい言葉や場所、人や概念に出会うたびに、彼が嬉しそうに見せてくれる最高の笑顔。それを受けとるたびに、私はこう教えられます。

やはり、「学びとは本来楽しいものなのだ」と。

今の社会構造上、「経歴を獲得するため」に学習すること自体を否定するつもりはありません。日本においては、残念ながらまだこの学習観が必要な時代は続くでしょう。時には、「苦学もやむなし」という場面や時期だって、出てくるかもしれません。

ただ、そのせいで「学ぶ楽しさ」自体を忘れてしまう大人が、あまりにも増えてしまっているのではないか。

子どもが大きくなった時、「社会人になってもまだ勉強するなんて、随分キミは意識が高いね」などと水を差してくる大人が、そこかしこにいる。

そんなビジネス環境を、私は彼らに残したくはありません。

だから、日本中で本書の内容を実践してくれるビジネスパーソンが増えてほしい。そうすれば、あなたに感化された人たちが本書の世界観に共感し、さらにこうした学習観も広がっていくでしょう。結果、知的に干からびた大人たちが減っていく。

ぜひ、あなたにもその担い手になってほしいと思っています。

大人になっても、学びは楽しい

ただし、仕事に活かしたいなら「他者貢献」前提で

楽しく学んで、人の役に立って、それで社会的にも経済的にも豊かで幸せな人生を送れるのだとしたら、これほど「楽しい」ことはないのではないでしょうか。

私自身は、ずっとそんなビジネスライフを過ごさせてもらっていますし、そんな姿を、これからも息子たちに見せ続けていきます。

あなたは、周りの人たちにどんな背中を見せながら、これから学んでいきますか？

あなたの学びが、あなた自身と、あなたの周囲を幸せにしていくことを願っています。その一助として、本書の読書体験があなたという「傍」を、少しでも「楽」にすることができたのであれば、これほどの喜びはありません。

最後まで読んでくださり、本当にありがとうございました。

おわりに

本書を出版するにあたっては、ＳＢクリエイティブの編集者・多根由希絵さんの力なくしては実現しませんでした。この本の原稿は、もともとあったバージョンから一度ほぼすべてを書き直しています。

多根さんから適切なフィードバックをもらえたおかげです。さすがはベストセラービジネス書を連発する編集者という感じで、今回の執筆を通じ、私自身、飛躍的に経験値を高めることができました。深く感謝申し上げます。

また、多根さんとのご縁を紡いでくれたのは、元マッキンゼーの大嶋祥誉さんでした。もっというと、大嶋さんとの対談は雑誌の企画でしたので、プレジデント社にも感謝をお伝えしなければなりません。

ではなぜプレジデント社から漫画化に関する取材のオファーをもらえたのかといえば、それはサンマーク出版さんから本を出せたからで……と、この調子で謝辞を続けているとページ数がいくらあっても足りないため、この辺りで止めておきます。

ともかく、「チャンスを授けてくれるのは自分以外の他者」です。いつもこの20字を胸に、これからも日々「他者貢献」に励んでいきたいと思います。

というわけで早速ですが、本書を最後まで読んでくれたあなたに、書籍をより深く理解し、実践するためのサポート特典をプレゼントさせてください。

・本書の内容理解が深まる動画講義：「人の為」と書いて「偽り」!?

・「紙1枚」学習法のイメージがより強固になる「追加実例」紹介動画

・いざ実践！「記入フォーマット」ダウンロード&「書き方」解説動画

等々、いずれも期間限定で公開しています。また、時期によって内容が変更になる場合もありますので、以下のＵＲＬもしくはＱＲコードから早速アクセスしてみてください。

サポート特典の公開ページ：

https://asadasuguru.com/20moji/

最後に、最も感謝を伝えたいのは身近な人たちです。２人目をおなかに宿しながら様々なサポートをしてくれた妻はもちろん、両親や保育園の方々をはじめ、多くの人たちの日常的な支えがあるからこそ、この本を執筆することができました。

最大限の感謝をこめて

２０１８年10月

浅田すぐる

文庫版 おわりに

このたび、2018年11月に上梓した**『すべての知識を「20字」でまとめる 紙1枚!独学法』**（SBクリエイティブ）が、装いも新たに文庫化される運びとなりました。本の評価には「部数」「ランキング」「レビュー」等、わかりやすいものからそうでないものまで様々ありますが、「文庫化されるかどうか」というのも、私は重要な指標だと考えています。

単行本の発刊時に評価されなかった書籍に関して、数年後に「文庫化しよう」という動きは当然ながら生まれてきません。

私は、主宰する学習コミュニティやスクールの受講者さんに、「文庫化されている時点で読むに値する本であることは間違いないわけだから、書店の文庫コーナーに行けば、手っ取り早く必要な良書を見つけられますよ」といったアドバイスをすることもあるくらいです。

だからこそ、拙著がこうしてまた1つ、実際に文庫化されることになったのは本当にありがたいことですし、今後も同じような動きが生まれてくる作品を書き残していきたいという想いを新たにしています。

さて、刊行からすでに6年以上経過していますが、この間、社会人学習の世界で起きた変化をヒトコトでまとめれば、**「オンライン学習の一般化」**です。

最大の契機は2020年のコロナ禍で、当時、いわゆる「ステイ・ホーム」を強いられたビジネスパーソンの多くが、**「あらかじめ収録されたオンライン動画や、Zoom等によるオンライン〝ライブ〟で、研修や講演を受講する」**機会を得ました。

私自身、2020年の3月以降、いったんすべての登壇機会がキャンセルになってしまった時の衝撃を、今でも鮮明に覚えています。

その後、夏頃から徐々に「オンライン登壇」というカタチで再起していったのですが、結果としては、コロナ騒ぎが落ち着いた2023年以降も、Zoom登壇や収録動画による学習機会の提供が一般化していきました。

２０１８年時点ではまだまだ書籍による学習のほうが一般的だったこともあり、本書の事例の大半は「本から得た学び」を扱っています。

今回の文庫化にあたってまず補足すべきメッセージがあるとすれば、**「本書の手法＝1シート・ラーニング・システムは、オンライン動画学習でもまったく問題なく実践が可能」**という点です。

むしろ、ただ漫然と動画を見ているだけでは、数十分にわたって集中して学び続けることなどできません。**能動的・主体的な学習姿勢を絶やさないためにも、手を動かして「紙1枚」に記入しながら学習する。**このような基本動作を習慣化できている人ほど、オンライン学習全盛の時代にも難なく適応していくことができます。

逆に、「時代はもうデジタル完結が当然」といったメッセージに飛びつき、安易に本書が提唱するような学習スタイルを放棄した人はどうなってしまったか。

想像に難くないと思いますが、本書で提唱した「消費型」学習を、さらに加速させる顚末《てんまつ》となっています。この6年の間に、**「ファスト」「タイパ」「コスパ」学習**

といった新たな言葉も生まれましたが、いずれも**「消費型」学習を悪化させるような価値観**なのではないでしょうか。

この本の重要性が以前より高まっていることは明らかであり、今回の文庫化も、こうした現状へ一石を投じる機会にしたいと考えています。

実際、この6年間、本書に関する様々な動きがありました。

たとえば2019年、日本経済新聞の「法人向け電子版」購読企業に向けて、「学びをどう仕事に活かすか？」というテーマでこの本を軸とした取材コンテンツを提供する機会がありました。

▼『日経電子版Ｐｒｏ』の取材コンテンツ：
https://www.nikkei.com/promotion/houjin/pro/professional/

あるいは2022年、古巣であるグロービスのオンライン学習サービス「GLOBIS学び放題」で、〝「紙1枚！」にまとめる独学のススメ〟という動画学習機会を提供するご縁にも恵まれました。タイトル通り、本書の動画講義版といった位置づけで構築したものになります。

▼「グロービス学び放題」の動画講義：
https://globis.jp/courses/95030b8d/

加えて、読書に特化して、この本で得た学びをさらに発展・応用させていけるような書籍として、2021年には『早く読めて、忘れない、思考力が深まる「紙1枚！」読書法』（SBクリエイティブ）を。2024年には、『ひと目でわかる！見るだけ読書』（ダイヤモンド社）という本も上梓しています。

いずれも、本書の理解をさらに深める学習機会となっていますので、これから実際に触れてみてください。

最後に、単行本の発刊当時から、本書の読者限定で「実践サポート」の動画講義や、「紙1枚」フォーマットのダウンロードをプレゼントしていました。

今回の文庫化にあたり、当時の内容に加えてもう1つ、**2024年時点だからこそのアップデートとして、〝AI時代の「紙1枚」独学法〟と題した動画講義を、新たに追加でプレゼントします。**

事実として、チャットGPTなどがまだ存在しなかった2018年の時点で、私は110ページに次のような言葉を記していました。

> しかし、AIが台頭する近未来において、「量」にこだわる学習の必然性は下がっていくばかりなのではないでしょうか。

その後、２０２３年に生成ＡＩが大きな話題となり、２０２４年末の本書文庫化時点では、いよいよ日常的に普及するのも時間の問題といった状況にまでなってきています。

本格的なＡＩ時代到来を目前に控え、本書の内容をどう捉えていけば良いのか。最新の認識を動画講義にして共有しますので、アップデートの機会として活用するようにしてください、

▼実践サポート：
https://asadasuguru.com/20moji/

今回の文庫化は、三笠書房さんからのオファーによって実現しました。お話を頂き深く感謝申し上げます。

また、三笠書房さんとのご縁は、ビジネス数学教育家・深沢真太郎さんの著者10周年記念パーティでした。深沢さんにも深く感謝申し上げます。

最後に、読者のあなたへ。

ここまで読んでくださって誠にありがとうございました。

途中でも触れましたが、文庫化されるほどの反響があった本だからこそ、まだまだ関連する別の学習機会が数多く存在しています。URLやQRコードも記載しておきましたので、どれからでもかまいません。

どうか「これで完結」ではなく、「ここからまた次へのスタート」を切っていってください。

またどこか別の場で、早々に再会できることを楽しみにしています。

2024年11月吉日　マレーシア・ジョホールバルにて

「1枚」ワークス・浅田すぐる

本書は、ＳＢクリエイティブより刊行された『すべての知識を「20字」でまとめる 紙1枚！独学法』を文庫収録にあたり改題したものです。

知的生きかた文庫

頭《あたま》のいい人《ひと》の、
学《まな》びを「20字《じ》」にまとめる技術《ぎじゅつ》

著　者　浅田すぐる（あさだ・すぐる）
発行者　押鐘太陽
発行所　株式会社三笠書房
〒102-0072　東京都千代田区飯田橋3-3-1
https://www.mikasashobo.co.jp
印　刷　誠宏印刷
製　本　若林製本工場

ISBN978-4-8379-8901-1 C0130

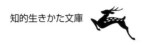